John Ruskin
Vier Abhandlungen über die ersten Grundsätze der
Volkswirtschaft

SEVERUS Verlag

ISBN: 978-3-95801-616-3
Druck: SEVERUS Verlag, 2017
Coverbild: pixabay.com

Nachdruck der Originalausgabe von 1902

Der SEVERUS Verlag ist ein Imprint der Diplomica Verlag GmbH.
Bibliografische Information der Deutschen Nationalbibliothek:
Die Deutsche Nationalbibliothek verzeichnet diese Publikation in der
Deutschen Nationalbibliografie; detaillierte bibliografische Daten
sind im Internet über http://dnb.d-nb.de abrufbar.

John Ruskin

Vier Abhandlungen über die ersten Grundsätze der Volkswirtschaft

SEVERUS

Inhaltsverzeichnis

„Mein Freund, ich thue dir nicht Unrecht. Bist du nicht mit mir eins worden um einen Groschen? Nimm was dein ist und gehe hin. Ich will aber diesem Letzten geben, gleich wie dir."

„Gefället's euch, so bringet her, wieviel ich gelte, wo nicht, so lasset's anstehen; und sie wogen dar wieviel ich galt, dreißig Silberlinge."

ZUR EINFÜHRUNG

Der vorliegende fünfte Band der deutschen Ruskin‑Ausgabe enthält zum ersten Mal in vollständig ungekürzter Übersetzung jene vier Aufsätze über Nationalökonomie, welche Ruskin zuerst im December 1860 im Cornhill Magazine veröffentlichte, und die bei ihrem Erscheinen einen orkanartigen Aufruhr entfesselten, im Publikum sowohl wie in der dazumal durchweg manchesterlich geächteten englischen Presse. Die allgemeine Entrüstung nahm derartig überhand — ein Beweis für die unmittelbare Treffsicherheit der Gedanken — dass der Verfasser ebenso wie der Herausgeber nach allen Regeln ʼverhöhnt und niedergeleitartikelt wurden, so dass schließlich der Verleger der Zeitschrift sich weigerte, nach dem vierten Artikel einen weiteren zu veröffentlichen. Demgegenüber trat Thomas Carlyle so ziemlich als Einziger für Ruskin ein. Die drastischen Worte, mit denen er den Freund in einem Brief ermunterte, auf der betretenen Bahn unbekümmert fortzuschreiten, mögen hier Platz finden, da sie für beide Männer ebenso wie für die damaligen Zustände in England bezeichnend sind, wo auf volkswirtschaftlichem Gebiete derzeit gerade die Hauptschlachten geschlagen wurden. Carlyle schrieb:

„Ich las Ihre Artikel mit Wollust, mit Jauchzen und oftmals mit hellem Gelächter und Bravissimo-Rufen! Ein solches Ding plötzlich an einem Tag in eine halbe Million vernagelter britischer Hirnkasten geschleudert, wird viel Gutes thun. Ich bewundere an vielen Stellen die luchsäugige Schärfe Ihrer Logik, die glühende Beisszange, mit der Sie gewisse geschwollene Backen und aufgeblasene Wänste anpacken. Verharren Sie die nächsten sieben Jahre bei dieser Arbeit ... inzwischen freut es mich, dass ich mich von nun an in einer Minorität von zwei Stimmen befinde."

Wirklich war auch die Wirkung eine tiefeinschneidende und nachhaltige, weil hier zum ersten Mal ein Kämpfer gegen die herrschende Richtung auftrat, der mit dem schweren Geschütz der Thatsachen kühn gegen die feindliche Stellung anstürmte und durch die undurchdringliche Doppelrüstung seiner glänzenden Beredsamkeit und seiner feingeschliffenen, stahlharten Verstandesschärfe sozusagen feuerfest war. Ihm gegenüber half keine Sophistik, keine Dialektik: die Tage des alten Manchester-Radikalismus waren gezählt, der Sieg auf der ganzen Linie entschieden, lange ehe die von Carlyle geforderten sieben Jahre um waren. Wer an der dauernden Nachwirkung und Be-

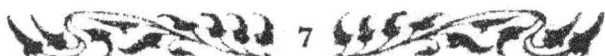

deutung dieser Schrift heute noch zweifeln
sollte, dem möge die einfache Thatsache genügen, dass bis zum Jahre 1899 die Auflage
in England und Amerika das dreißigste Tausend
erreicht hatte. —

Es schien dem Verleger angezeigt, die in
dieser Schrift niedergelegten ethisch-sozialen
Gedanken Ruskins im Zusammenhang mit
seinen ästhetischen Hauptwerken herauszu-
geben, weil die innere geistige Verwandtschaft
beider gewiss stärker und tiefer ist, als sie
dem oberflächlichen Blick erscheinen mag.

Bisher entbehrte unsere gesamte materialisti-
sche Volkswirtschaftslehre des ausgleichenden,
Gegensätze mildernden, Abstände und Klassen-
unterschiede verringernden künstlerischen
Elements. Erst heute beginnt eine Ahnung
von der Unentbehrlichkeit dieses Sauerteigs
im Gesellschaftsleben aufzudämmern. Eine
natürlicherweise im weitesten Sinne aufzu-
fassende künstlerische Lebensanschauung wird
ganz logischerweise eine niedrigere Einschätzung grob materieller Güter, eine Umwertung
der Werte sowohl „nach unten" wie „nach oben",
zur Folge haben, und somit gleichzeitig klarere,
gerechtere und darum in letzter Reihe gesün-
dere Anschauungen und Zustände zeitigen,
als bisher. Das, was in der künstlerischen Welt-
anschauung das Wesentliche ist, das lebendige
Gefühl für das Persönliche, wie für das Ge-
meinsame im Menschen, für Das, was bindet,

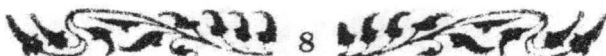

nicht was trennt — mag auch für uns als sehr heilsame Ergänzung willkommen sein, einerseits gegen die hypersozialen, andererseits gegen die hyperkapitalistischen Auswüchse und Wucherungen am Gesellschaftskörper, die beide im Grunde auf dasselbe hinauslaufen: auf das allein seligmachende Evangelium des großen Ein-mal-Eins!

Von diesem Standpunkt aus betrachtet, rückt dieses Buch hier zwischen den ästhetischen Werken in seine richtige Stelle ein, als unzerreißbares Glied in der Entwicklungskette der Menschheit.

Möge es in diesem Sinne aufgenommen und auch angewendet werden.

KIEL, im Herbst 1901
WILHELM SCHÖLERMANN

VORWORT

1. Die folgenden vier Aufsätze wurden vor anderthalb Jahren in dem Cornhill Magazine veröffentlicht und soviel ich gehört habe, von den meisten Lesern aufs heftigste angegriffen. Nichts destoweniger halte ich sie für die besten, ich meine damit die wahrsten, zutreffendsten und zweckdienlichsten aller meiner bisherigen Schriften, und der letzte Aufsatz, auf den ich ganz besondere Mühe verwandte, wird wahrscheinlich auch immer zu dem Besten gehören, was ich je geschrieben.

„Das", mag der Leser erwidern, „ist wohl möglich, aber deshalb braucht es noch nicht gut zu sein."

Selbst wenn ich dies in ungeheuchelter Bescheidenheit zugebe, bleibe ich doch so befriedigt von dieser Arbeit, wie von keiner meiner andern. Und da ich vor kurzem beschlossen habe, die in diesen Blättern dargelegten Grundbegriffe, sobald ich Muße dazu finden werde, weiter zu verfolgen, so möchte ich, daß diese einführenden Darlegungen Jedem, der sich darauf zu beziehen wünscht, zugänglich wären. Deshalb veröffentliche ich sie jetzt genau so wie sie zuerst erschienen sind. Ein einziges Wort nur ist verändert, das die Berechnung eines Gewichtes verbessern soll, und hinzugefügt wurde nichts.*

2. Obgleich ich in diesen Blättern nichts finde, was ich einschränken möchte, bedaure ich doch, dass die Behauptung, die darin am auffallendsten wirkt — nämlich dass man die Notwendigkeit der Organisation der Arbeit nach festem Lohnsatz anerkennen soll, — ihren Platz gleich in dem ersten Aufsatz gefunden hat, denn es ist eine der wenigst wichtigen, obgleich durchaus nicht eine der wenigst sichern der zu verteidigenden Stellungen. Die wahre Aufgabe dieser Blätter, ihr wirklicher Kernpunkt ist es — und zwar geschieht es meines Wissens zum erstenmale in verständlichem Englisch, während es in gutem Griechisch gelegentlich bei Plato und Xenophon und in gutem Latein bei Cicero und Horaz schon öfters geschehen ist — eine logische Definition von Reichtum zu geben: eine Definition, die als Grundlage der ökonomischen Wissenschaft unbedingt notwendig ist. Die am meisten anerkannte von den in neuerer Zeit über diesen

---

* Bemerk. z. 2. Aufl. — Zu der Bemerkung des Vorwortes auf Seite 14 ist ein Zusatz gemacht, und da dies Buch das wertvollste in seinem wesentlichen Inhalte ist, was ich je geschrieben, wiederhole ich Wort für Wort, Seite für Seite auch nach jenem Zusatz und thue mein Möglichstes, es allen Menschen zugänglich zu machen.

25

Gegenstand erschienenen Schriften, beginnt
mit dem Lehrsatz, dass es Aufgabe der nationalökonomischen Schriftsteller sei, die Natur
des Reichtums zu lehren oder zu erforschen*
und lässt dann ihrer These die folgende Erklärung folgen:

„Jeder Einzelne hat sicherlich einen für gewöhnliche Fälle genügend richtigen Begriff
davon, was man unter Reichtum versteht"...
„Es liegt durchaus nicht in der Absicht dieser
Abhandlung, bei der Erklärung in metaphysische Spitzfindigkeit zu verfallen".**

3. Metaphysische Spitzfindigkeit brauchen
wir allerdings nicht, aber physische Genauig-
keit und logische Folgerichtigkeit thut uns ganz
gewiss not, wo es sich um irdische Zustände
handelt. Angenommen der in Frage kommende
Gegenstand gehörte anstatt zur Hausordnung
(Oikonomia) zur Himmelsordnung (Astronomia),
und der Verfasser hätte, indem er den Unterschied zwischen Fixsternen und Planeten ebenso
wenig beachtete, wie er hier zwischen aus-
strahlendem und zurückstrahlendem Reichtum
beachtet wird, also begonnen: „Jeder Mensch
hat wohl einen für gewöhnliche Fälle genügend
richtigen Begriff von dem was man unter Ster-
nen versteht. Metaphysische Spitzfindigkeit
bei der Erklärung eines Sternes ist nicht der

* Wo noch Erforschung nötig ist, kann man doch
unmöglich schon lehren.
** Principles of Political Economy, von J. S. Mill.
Einleitende Bemerkungen, Seite 2.

Zweck dieser Abhandlung" — so könnte die
so eingeleitete Arbeit immerhin noch viel mehr
Wahrheit in ihren Darlegungen enthalten und
von tausendmal größerem Nutzen für den See-
fahrer sein, als es eine Abhandlung über Reichtum, die ihre Schlussfolgerungen auf die her-
kömmliche Auffassung von Reichtum gründet,
jemals für den Volkswirt sein kann.

4. Deshalb ist der erste Zweck dieser Blätter
einen genauen und sichern Begriff des Reichtums zu geben. In zweiter Linie soll in ihnen
gezeigt werden, daß die Erwerbung von Reichtum schließlich nur unter gewissen ethischen
Voraussetzungen der Gesellschaft möglich ist.
Die allererste davon würde der Glaube nicht
nur an das Gefühl der Rechtschaffenheit sein,
sondern auch an die Möglichkeit, sie im praktischen Leben zu bethätigen. Ohne hier die
Erörterung zu wagen, welches von Gottes
Werken das edelste ist, — denn darüber ist
menschliches Urteil unzulänglich — können
wir doch in soweit Pope's Behauptung zustim-
men, daß ein rechtschaffner Mensch gegenwärtig offenbar eines seiner besten Werke ist,
wenn auch eine Seltenheit unter den herr-
schenden Verhältnissen; aber es ist kein un-
denkbares, der Fabelwelt angehörendes Wesen,
und noch weniger ein abnormes. Die Rechtschaffenheit ist keine störende Kraft, die die
Bahnen der Volkswirtschaft verwirrt, sondern
sie ist eine feste und zwingende Macht, die,

wenn man ihr gehorcht, uns auf sichern Bahnen aus dem Chaos herausführen kann.

5. Wohl habe ich Pope zuweilen verdammen
hören, weil er einen zu niedrigen Maßstab
anlege; man sagt: „Rechtschaffenheit ist gewiss eine achtungswerte Tugend, aber zu wieviel Höherem kann der Mensch gelangen!
Sollte nichts weiter von uns verlangt werden,
als dass wir ehrlich sind?"

Für jetzt, meine Freunde, allerdings nichts
weiter! In unserm Verlangen, mehr zu sein,
haben wir anscheinend bis zu einem gewissen
Grade das Ziel, auch nur s o v i e l zu sein,
aus den Augen verloren. Woran wir sonst
noch den Glauben verloren haben, davon soll
hier nicht die Rede sein, aber fest steht, dass
wir den Glauben an die allgemeine Rechtschaffenheit und ihre treibende Kraft nicht
mehr haben. Diesen Glauben nun, wie auch
ein auf ihm beruhendes Verhalten uns wieder
zurück zu erobern und stets zu bewahren, muss
unsere nächste Pflicht sein. Nicht nur daran
glauben sollen wir, sondern uns durch eigene
Erfahrungen davon überzeugen, dass es noch
Menschen in der Welt giebt, die durch etwas
anderes als allein aus Furcht vor dem Verlust
ihrer Anstellung, von Betrügereien zurückgehalten werden*; ja, daß es genau von der

---

* „Der auf einen Handwerker in wirksamer Weise
ausgeübte Druck geht nicht von seiner Innung, sondern von seiner Kundschaft aus. Die Furcht, diese

Anzahl solcher Menschen im Staate abhängt, ob der Staat gedeiht und ob er seine Existenz verlängern kann.

Hauptsächlich auf diese beiden Punkte sind die folgenden Untersuchungen gerichtet. Die Organisation der Arbeit selbst wird nur beiläufig berührt, weil, wenn erst unsere Führer ein hinreichendes Maß von Rechtschaffenheit besitzen, die Arbeitsordnung leicht ist und sich ganz von selbst ohne Kampf und Schwierigkeit entwickeln wird. Aber so lange wir vergeblich

zu verlieren, ist das, was ihn von Schwindeleien und Nachlässigkeiten zurückhält." (Wealth of Nations Buch 1. Kap. 10.)

Bemerk. z. 2. Aufl. — Das einzige, was ich den Worten dieses Buches hinzufügen möchte, soll eine ernste Mahnung an jeden christlichen Leser sein, still für sich zu überlegen, in welch vollkommen verdorbenem Seelenzustand ein menschliches Wesen sein muss, das einen Ausspruch, wie diesen, lesen und ihm beipflichten könnte, und in wie viel größerem Maße noch, wenn es ihn schreibt. Diesem Ausspruch stelle ich die ersten auf den Handel bezüglichen Worte gegenüber, die ich in Venedigs erster Kirche entdeckte: „Im Umkreise dieses Tempels sei das Gesetz des Kaufmanns gerecht, seine Gewichte gut und seine Verträge ohne Trug."

Sollte irgend einer meiner Leser meine Worte in dieser Bemerkung für unziemlich und übertrieben halten, so möche ich ihn bitten, den 18. § von Sesam und Lilien aufmerksam durchzulesen und die Versicherung entgegen zu nehmen, dass ich jetzt niemals auch nur ein Wort gebrauche, das ich nicht nach sorgfältigster Prüfung für das geeignetste halte.

Venedig, Sonntag d. 18. März 1877.

nach Rechtschaffenheit bei unsern Führern suchen, so lange wird die Ordnung der Verteilung der Arbeit ein Ding der Unmöglichkeit sein.

6. Die verschiedenerlei Bedingungen ihrer Möglichkeit beabsichtige ich in der Folge der Reihe nach eingehend zu prüfen. Damit der Leser aber nicht zu befürchten braucht, durch die hingeworfenen Andeutungen während der nun folgenden Untersuchung der Hauptgrundsätze unerwartet auf gefährlichen Boden geführt zu werden, will ich zu seiner Beruhigung sofort den „schlimmsten" Punkt des politischen Glaubensbekenntnisses, zu dem ich ihn bringen möchte, feststellen.

I. Für's erste müssten Erziehungsanstalten für die Jugend, über das ganze Land verteilt, eingerichtet werden und zwar auf Regierungskosten* und unter der Aufsicht der Regierung stehend, so dass jedes Kind im Lande sie auf der Eltern Wunsch besuchen könnte und in

---

* Kurzsichtige Personen werden wahrscheinlich die Frage aufwerfen, aus welchen Fonds dergleichen Schulen unterhalten werden sollen. Die zweckentsprechendste Art ihres direkten Unterhalts werde ich später prüfen, indirekt würden sie sich mehr als selbst erhalten. Die Ersparnis an Verbrechen (einem der kostbarsten Luxusartikel auf dem europäischen Markt), die durch solche Anstalten gemacht würde, möchte allein schon für ihren zehnfachen Unterhalt genügen. Die dadurch gemachte Arbeitsersparnis aber würde reiner Gewinn sein, und zwar ein zu bedeutender, um ihn im Augenblick berechnen zu können.

bestimmten Fällen zwangsweise besuchen
müsste; und in diesen Anstalten müssten die
Kinder (außer in andern unwichtigeren Wis-
senszweigen, die später berührt werden sollen)
vermittelst der besten Lehrkräfte, die das Land
aufzuweisen hat, in folgenden drei Dingen
unterwiesen werden:

a) in den Gesundheitsregeln und den dazu
erforderlichen Übungen;

b) in der Bethätigung von Milde und Gerechtigkeit und

c) in den Erfordernissen ihres spätern
Berufs.

II. Zweitens müssten in Verbindung mit
diesen Anstalten, ebenfalls unter Regierungs-
aufsicht stehende Fabriken und Werkstätten
errichtet werden, zur Herstellung und zum
Verkauf aller erforderlichen Lebensbedürfnisse,
sowie zur Ausübung jedweden nützlichen Kunst-
zweiges. Und ohne sich in irgend einer Weise
in Privatunternehmungen zu mischen oder dem
Privathandel Einschränkungen oder Steuern
aufzuerlegen — es ihnen überlassend, ihr
Bestes zu thun und die Regierung zu über-
treffen, wenn sie können — müssten diese
Regierungsfabriken und Läden anerkannt gute,
tadellose Arbeit liefern und reine, unverfälschte
Ware verkaufen, so dass jedermann sich darauf verlassen könnte, dass er für sein Geld,
wenn er den von der Regierung geforderten
Preis bezahlt, auch Brot, das wirklich Brot,

Bier, das wirklich Bier und Arbeit, die wirklich Arbeit ist, erhält.

III. Drittens müsste Jeder, der außer Stellung ist, ob Mann oder Frau, Knabe oder Mädchen, in der nächsten Regierungsanstalt Aufnahme finden können, und ihm diejenige Arbeit zugeteilt werden, für die er sich als geeignet erweist, und zwar zu einem jedes Jahr neu festzusetzenden Lohnsatze. Sollte er aber als arbeitsuntauglich befunden werden, und zwar aus Unwissenheit, so müsste er unterrichtet — oder aus Kränklichkeit, so müsste er gepflegt werden. Bei Arbeitsunwilligkeit jedoch würde er, und zwar nötigenfalls unter Anwendung der strengsten Zwangsmaßregeln, den anstrengenderen und erniedrigenderen, aber trotzdem notwendigen Arbeitszweigen überwiesen; vorzugsweise der Arbeit in den Minen und an andern gefahrvollen Orten. Die bestehende Gefahr würde indeß durch sorgfältigste Maßregeln und Überwachung bis aufs äußerste vermindert werden. Der hierbei verdiente Lohn würde zurückbehalten und stände nach Abzug der Kosten, die der Zwang verursacht hat, dem Arbeiter, sobald er zahmeren Sinnes geworden ist und die Anordnungen achtet und befolgt, zur Verfügung.

IV. Endlich müßte für die Alten und Schwachen ein behagliches Heim geschaffen werden. Eine solche Versorgung könnte, wenn bei der Einführung des Systems Unglück von Schuld gesichtet würde, nur ehrenvoll für den Empfänger und keineswegs demütigend sein. Denn (ich wiederhole diese Stelle aus meiner „Political Economy of Art", (Die Nationalökonomie der Kunst), jetzt unter dem Titel „Zur ewigen Freude" an die ich den Leser wegen weiterer Details verweise) „ein Bauer dient seinem Lande mit dem Spaten gerade so wie ein Mann des Mittelstandes ihm mit dem Schwert oder der Feder dient. Ist der Dienst geringer, und somit in gesunden Zeiten auch der Lohn, so würde dementsprechend die Invaliditätsrente nicht so hoch, aber darum doch nicht weniger ehrenvoll sein. Es müsste dem Arbeiter ganz natürlich und selbstverständlich sein, von seiner Gemeinde, weil er sich um sie verdient gemacht hat, Ruhegelder zu erhalten, ebenso wie es sich für einen Mann höheren Standes ganz von selbst versteht, seine Pension vom Staate zu erhalten, weil er diesem gedient hat."

Dieser Auseinandersetzung möchte ich zum Schluss nur noch hinzufügen, dass hinsichtlich der Belohnung im Leben wie im Tode für Beide, Hoch- wie Niedrigstehende, die letzten, sich auf Valerius Publicola beziehenden Worte Livius' „de publico est elatus"* kein unwürdiger Schluss einer Grabschrift sein würden.

---

* „P. Valerius, omnium consensu princeps belli pacisque artibus, anno post moritur; gloria ingenti copiis familiaribus adeo ex iguis, ut funeri sumtus deesset: de publico est elatus, Luxere matronae ut Brutum". Lib. II c. XVI.

7. An diese Dinge glaube ich also und habe die Absicht, sie soweit es in meiner Macht steht, zu erklären und in ihren verschiedenen Tragweiten klar zu legen, dabei auch das, was an nebensächlichen Fragen dazu gehört, berührend. Hier habe ich alles nur kurz angedeutet, um zu verhindern, dass der Leser in Ungewissheit über meine schließliche Meinung bleibe. Ich möchte ihn aber doch bitten, schon jetzt zu bedenken, daß bei einer Wissenschaft, die sich mit so feinen Elementen wie die der menschlichen Natur es sind beschäftigt, es nur möglich ist für die endgültige Wahrheit der Prinzipien einzustehen, nicht aber für den sofortigen Erfolg der gemachten Vorschläge, weil selbst bei den besten Plänen der unmittelbare Erfolg fraglich, der endgültige dagegen unsichtbar und unerforschlich ist.

Denmark Hill
den 10. Mai 1862

DIE WURZELN DER EHRE

1. Unter den Täuschungen, welche zu verschiedenen Zeiten die Gemüter großer Massen des Menschengeschlechtes beherrscht haben, ist vielleicht die wunderbarste, jedenfalls aber die verwerflichste, jene moderne sogenannte Volkswirtschaftslehre, die auf dem Gedanken fußt, eine vorteilhafte Sozialgesetzgebung könne ohne Rücksicht auf den Einfluss sozialer Gesinnungen zu Stande kommen.

Natürlich hat die Nationalökonomie, ebenso wie die Alchemie, Astrologie, Zauberei und andere solche volkstümliche Glaubensartikel, einen greifbaren Grundgedanken. „Die sozialen Empfindungen", sagt der Nationalökonom, „sind zufällige und störende Eigenschaften in der menschlichen Natur; hingegen gehören Habsucht und der Wunsch, vorwärts zu kommen, zu den dauernden Eigenschaften. Wir wollen daher die zufälligen ausscheiden und, das menschliche Wesen rein als eine gewinnsüchtige Maschine betrachtend, prüfen, durch welche Arbeiter- Gewerbe- und Handelsgesetze die

größtmöglichste Anhäufung von Reichtum erzielbar ist. Sind diese Gesetze einmal festgestellt, mag es nachher jedem Einzelnen überlassen bleiben, von jenen störenden Elementen
persönlicher Zuneigung so viel als ihm beliebt
hinzuzufügen, und sich dann selbst die Folgen
der neuen Zuthaten zuzuschreiben.

2. Dies würde eine vollkommen logische
und erfolgreiche Untersuchungsmethode sein,
wenn die später hinzugefügten persönlichen
Zuthaten von derselben Beschaffenheit wären,
wie die erstbezeichneten Triebkräfte.

Angenommen ein in Bewegung befindlicher
Körper stände unter dem Einfluss dauernder
und wechselnder Kräfte, so ist im allgemeinen
die einfachste Art seine Bahn zu bestimmen,
wenn man zuerst die dauernden Einflüsse in
Erwägung zieht und hierauf die Ursache der
Störungen feststellt. Die störenden Elemente
im sozialen Problem haben aber nicht dieselbe
Natur wie die dauernd wirkenden, sie ver-
ändern das Wesen des Untersuchungsobjektes
in demselben Augenblick, in dem sie hinzugefügt werden. Sie wirken nicht mathematisch
sondern chemisch darauf ein, denn sie führen
einen Zustand herbei, der alle bisherigen Erfahrungen umstößt. — Wir haben gelehrte
Experimente mit reinem Salpeter gemacht und
wissen, dass es ein sehr handliches Gas ist.

Aber merke wohl: Womit wir in der Praxis zu rechnen haben, das ist seine Verbindung mit Chlor, das Chlorid! Dieses aber wird in demselben Augenblick, in dem wir es obigen Grundsätzen gemäß behandeln würden, uns und unsern Apparat in die Luft sprengen.

3. Ich bestreite nicht etwa die Ergebnisse der Wissenschaft, noch bezweifle ich sie, wenn die Vorbedingungen dazu gegeben sind. Ich nehme nur kein Interesse an ihnen, wie ich es beispielsweise auch einer Lehre der Gymnastik gegenüber nicht thäte, die annehmen würde, die Menschen hätten kein Knochengerüst. Auf Grund dieser Annahme kann dann leicht bewiesen werden, dass es zweckmäßig sei, die Turner zu Kugeln zusammen zu rollen, oder zu Teig zu kneten, oder zu Stricken auszurecken, und dass, wenn diese Resultate erst einmal erzielt seien, die Wiedereinsetzung des Knochengerüstes mit etlichen Unannehmlichkeiten für die Betreffenden verbunden sein würde. Diese Gedankenkette mag bewunderungswürdig und die Schlussfolgerung richtig sein; mangelhaft ist nur ihre Anwendbarkeit! Die moderne Nationalökonomie steht auf einem ganz ähnlichen Standpunkt. Sie nimmt zwar nicht an, dass der Mensch ohne Knochengerüst sei, wohl aber, dass er nur aus Knochen bestehe, und auf diese Ableugnung der Seele gründet sie

ihre verknöcherte Fortschrittslehre. Indem sie
das Höchste, was aus Knochen gemacht werden kann, vorführt und eine Anzahl interessan-
ter geometrischer Figuren aus Totenschädeln
und Schulterbeinen zusammenstellt, beweist
sie folgerichtig die Schwierigkeit der Wieder-
aufnahme einer Seele in diesen atomistischen
Körperbau. Die Richtigkeit dieser Theorie leugne
ich nicht, ich leugne nur ihre Anwendbarkeit auf
den gegenwärtigen Zustand der Gesellschaft.

4. Diese Nichtanwendbarkeit hat sich bei den
jüngsten Ausständen unserer Arbeiter deutlich
offenbart. Hier handelte es sich um einen
der anwendbarsten und einfachsten Fälle, um
eine der ersten Lebensfragen, mit denen die
Nationalökonomie zu thun hat, um die Beziehung zwischen Arbeitgeber und Arbeit-
nehmer. Bei einer so ernsten Krisis, wo es
sich um Leben und Eigentum von Tausenden
handelt, stehn unsere Nationalökonomen hülf-
los, ja wortlos der Praxis gegenüber. Eine
wirkliche Lösung der Schwierigkeit, welche
die feindlichen Parteien überzeugen oder be-
ruhigen würde, kann von ihnen nicht gefunden
werden. Störrisch beharren die Meister bei
ihrer Auffassung, störrisch die Arbeiter bei
der ihrigen, und keine Staatswissenschaft vermag sie zu vereinigen.

5. Es würde auch befremdlich sein, wenn

sie es vermöchte, denn noch niemals hat
irgend eine Wissenschaft die Menschen zur
Einigkeit gebracht. Von den Rednern bemühen
sich die einen vergebens zu beweisen, dass
die Interessen der Meister mit denen des
Volkes unvereinbar seien, die andern, dass
beide identisch seien; keiner der Sachwalter
scheint aber daran zu denken, dass, wenn
auch die Interessen entgegengesetzte sind, es
nicht immer und nicht unbedingt nötig ist,
dass auch die Personen sich feindlich gegen-
überstehen müssen. Wenn sich z. B. nur
eine Brotkruste im Hause befindet, und Mutter
und Kinder sind dem Hungertode nahe, so
sind ihre Interessen sicherlich nicht dieselben.
Ißt die Mutter die Brotkruste, so darben die
Kinder, essen diese sie, so muss die Mutter
hungrig zur Arbeit gehen. Daraus folgt jedoch
keineswegs, dass Streit zwischen ihnen herrschen müsste, dass sie um die Kruste raufen
werden, und dass die Mutter als Stärkere sie
erhalten und essen werde. Ebenso kann auch
in andern Fällen, wie immer die Personen zu
einander stehen mögen, nicht ohne Weiteres
angenommen werden, dass sie, weil ihre Interessen verschiedene sind, sich darum notwendig mit Feindseligkeit betrachten und Gewalt oder List gebrauchen müssen, um zu
ihrem Vorteil zu gelangen.

6. Selbst wenn dem so wäre (und mit demselben Rechte könnte man ja die Menschen
keines anderen moralischen Beweggrundes für
fähig halten, als ihn die Ratten und Schweine
bekunden), so ist doch die logische Seite der
Frage noch unentschieden. — Ganz allgemein
kann nämlich niemals bewiesen werden, dass
die Interessen von Meister und Arbeiter dieselben sind; ebenso wenig aber, dass sie entgegengesetzte sind, denn je nach den Umständen können sie das eine oder das andere
sein. — Thatsächlich liegt es im beiderseitigen Interesse, dass die Arbeit gut gemacht und ein angemessener Preis dafür
erzielt wird; bei der Teilung des Gewinnes
aber kann, oder kann auch nicht der Gewinn des Einen der Verlust des Andern
sein. Es liegt weder im Interesse des
Meisters, so niedrige Löhne zu zahlen, dass
die Arbeiter krank und kleinmütig werden,
noch im Interesse des Arbeiters, so hohen
Lohn zu fordern, dass der geringe Gewinn des
Meisters diesen daran hindert, sein Geschäft
zu vergrößern, oder es auch nur ruhig und
sicher weiterzuführen. Ein Heizer könnte
keinen hohen Lohn verlangen, wenn die Gesellschaft zu arm wäre, um die Maschinenräder
in Stand zu halten.

7. Die Mannigfaltigkeit der Umstände, die

diese wechselseitigen Interessen beeinflussen, ist so groß, dass alle Bemühungen, den Antrieb zum Handeln von dem Erwägen der Zweckdienlichkeit herzuleiten, scheitern müssen. Sie müssen es, weil es in der Absicht des Schöpfers der Menschheit lag, dass menschliches Handeln nicht durch Erwägungen des Erfolges, sondern allein durch Erwägungen der Gerechtigkeit geleitet werden solle. Er hat es daher so eingerichtet, dass alle Bemühungen, den Erfolg einer Sache vorauszusehen, immerdar nutzlos sein werden. Kein Mensch hat jemals gewusst, oder kann je wissen, welches das Endergebnis seines Verhaltens für ihn selbst oder Andere sein werde; aber jeder Mensch müsste wissen, und die meisten unter uns wissen es auch, was gerechte und ungerechte Handlungsweise ist. Ebenso sollten wir Alle wissen, dass die Folgen der Gerechtigkeit die möglichst besten sind für Andere wie für uns selbst, obwohl wir weder im Stande sind zu erklären, was das „beste" ist, noch wie wir dazu gelangen können.

Ich habe gesagt, Erwägungen der Gerechtigkeit, weil ich in den Ausdruck Gerechtigkeit Nächstenliebe mit einschließe, und zwar die Nächstenliebe, die ein Mensch dem andern schuldig ist. Jedes richtige Verhältnis zwischen Meister und Arbeiter, und alle ihre wirklichen Interessen hängen schließlich hiervon ab.

8. Die beste und einfachste Darstellung des Verhältnisses zwischen Meister und Arbeiter finden wir in der Stellung der häuslichen Dienstboten. Wir wollen einmal annehmen, der Vorstand eines Haushaltes verlange von seinen Dienstboten so viel Arbeit, wie er dem gezahlten Lohn entsprechend nur irgend verlangen kann. Er duldet keine Trägheit, verpflegt sie so dürftig und bringt sie so schlecht unter, als sie es sich nur irgend gefallen lassen und steigert in allem seine Anforderungen genau bis auf den Punkt, den er nicht überschreiten kann, ohne die Dienstboten zu zwingen, ihn zu verlassen. Indem er so handelt, verletzt er seinerseits nicht das, was man im Allgemeinen für sein „Recht" zu halten pflegt. Er kommt mit dem Dienstboten überein, dass dieser ihm seine ganze Zeit und Arbeitskraft widmet, und er verfügt darüber. Die Grenzen für die Härte der Behandlung werden nach dem Beispiel anderer nachbarlicher Haushaltsvorstände gezogen, sozusagen nach der üblichen Wertung der häuslichen Arbeit. Bietet sich dem Dienstboten eine bessere Stelle, so steht es ihm frei, sie anzunehmen, und der Herr kann den wahren

Wert der Arbeit nur dadurch feststellen, dass
er so viel verlangt, wie geleistet werden
kann.

Dies ist die nationalökonomische Ansicht
der Sachlage, wie sie die Gelehrten dieser
Wissenschaft vertreten: Sie behaupten, dass
auf diese Weise durchschnittlich die größte
Arbeitsleistung vom Dienstboten und dadurch
der größte Segen für die Allgemeinheit erzielt werde, und rückwirkend durch die Allgemeinheit auch für den Dienstboten selbst.

Das ist jedoch nicht der Fall. Es würde
vielleicht so sein, wenn der Dienstbote ein
Rad wäre, das durch Dampf, Magnetismus,
Schwerkraft oder eine beliebige andere be-
rechenbare Triebkraft in Schwung gehalten
würde. Da er aber im Gegenteil ein Rad
ist, dessen Triebkraft die Seele ist, so durch-
dringt die Macht dieses eigentümlichen Factors
unwissentlich alle nationalökonomischen Lehr-
sätze wie eine unbekannte Größe und treibt
sie alle zu einem falschen Schlusse. Die
größte Arbeitsleistung dieses merkwürdigen
Rades kann weder durch Lohn und Zwang,
noch vermittelst eines Feuers, das durch
Kohlenzufuhr unterhalten wird, erreicht werden,
sondern einzig und allein, wenn die treibende
Kraft, das heißt der Wille oder Geist des Betreffenden, durch das eigene Feuer, namentlich

durch Zuneigung, zur größten Anspannung gebracht wird.

9. Es kann thatsächlich geschehen und geschieht oft, dass, wenn der Herr ein Mann
von Verstand und Energie ist, eine große
Menge materieller Arbeit unter mechanischem
Drucke geleistet wird, erzwungen durch starken
Willen und kluge Anleitung. Ebenso kann es
aber auch geschehen und geschieht oft, dass
bei einem nachlässigen und schwachen Herrn
(trotz dessen Gutmütigkeit) der Dienstbote
wenig und obendrein noch schlecht arbeitet,
in Folge seiner Undankbarkeit und der mangeln-
den Anleitung. Die allgemeine Regel aber
ist, dass bei Annahme eines bestimmten
Maaßes von Verstand und Energie, sowohl auf
der Seite des Herrn, als der des Dienstboten,
der größte materielle Erfolg nicht durch gegenseitige Abneigung erzielbar ist, sondern durch
gegenseitige Zuneigung; und dass bei dem
Bestreben des Herrn, die dem Dienstboten
zugeteilte Arbeit zu einer segensreichen für
diesen zu gestalten und sein Wohlergehen
in richtiger, zuträglicher Weise zu fördern,
anstatt soviel Arbeit wie nur möglich von ihm
zu erpressen, der Ertrag treuster und bester
Arbeit durch die so fürsorglich behandelte
Person der größtmöglichste sein wird.

Merke wohl, ich spreche von „guter Arbeit",

denn ein Dienstbote arbeitet nicht unbedingt immer so gut er kann für seinen Herrn. Ich meine, gute Arbeit nach jeder Richtung, sei es nun in materieller Hinsicht, in sorgfältiger Wahrung des Wohles und Ansehens des Herrn, oder sei es die freudige Bereitwilligkeit, bei außergewöhnlichen, plötzlichen Vorkommnissen helfend einzuspringen.

Diese Ansicht verliert nichts von ihrer allgemeinen Wahrheit, weil Nachsicht vielleicht häufig mißbraucht und der Güte mit Undankbarkeit begegnet wird; denn wenn ein Dienstbote bei guter Behandlung undankbar ist, so würde er, hart behandelt, rachsüchtig sein; und derjenige, der einem gerecht denkenden Herrn gegenüber unehrlich ist, würde gegen einen ungerechten Herrn unverschämt sein.

10. Selbstlose Behandlung wird auf alle Fälle bei Jedem die wirksamste Erwiderung finden. Ich fasse die Zuneigung hierbei selbstverständlich nur allein als treibende Kraft auf und nicht als eine löbliche, edle oder irgend wie abstrakt gute Eigenschaft. Ich betrachte sie einfach als unberechenbare Größe, die die gewöhnlichen Berechnungen des Nationalökonomen ungültig macht; denn wenn er selbst dieses neue Element mit in seine Berechnung ziehen wollte, so läge es gar nicht in seiner Macht, damit zu rechnen, wird

doch die Zuneigung erst dann zur wahren
Triebkraft, wenn sie von jedem andern Beweggrund, jeder Bedingung der Nationalökonomie, absieht. Behandelst du den Dienstboten gütig, in der Absicht seine Dankbarkeit
zu erwerben, so wirst du das, was du ver-
dienst, ernten — nämlich weder Dankbarkeit
noch Anerkennung deiner Güte; behandle ihn
aber gut ohne ökonomische Hintergedanken,
und er wird allen ökonomischen Zwecken
gerecht werden. Hierbei, wie bei allem andern
gilt, „wer sein Leben erhalten will, der wird's
verlieren, wer aber sein Leben verlieret, der
wird's finden*."

---

* Der Unterschied zwischen den beiden Behandlungs-
arten und ihrem thatsächlichen greifbaren Resultat
macht sich deutlich bemerkbar bei einem Vergleich
der Beziehungen zwischen Esther und Karl in Bleak-
House mit denen zwischen Miss Brass und der
Marquise in Master Humphrey's Clock.
Der Hauptwert und die Wahrheit der Dickensschen
Schriften geht leider für Viele verloren, nur weil er
seine Wahrheit mit karrikaturartigem Anstrich vor-
trägt. Thörichterweise, denn Dickens Karrikaturen
sind, wenn auch oftmals derb, doch niemals unwahr.
Abgesehen von der Ausdrucksart liegt tiefe Wahrheit in seinen Worten. Ich wünschte nur, er be-
schränkte seine glänzende Übertreibungskunst auf
die Schriften, die nur zur Unterhaltung des Publi-
kums dienen sollen und ließe einem Gegenstande
hoher nationaler Bedeutung, wie er z. B. in Hard Times
behandelt wird, ernstere und genauere Untersuchung
angedeihen. Der Wert jenes Werkes (meiner An-

11. Ein weiteres deutliches und·einfaches Beispiel von dem Verhältnis zwischen Herrn und Arbeiter finden wir in dem, welches zwischen dem Obersten eines Regiments und seinen Mannschaften besteht.

Angenommen, der Vorgesetzte wollte die Regeln der Disciplin nur in so weit befolgen, dass er mit möglichst wenig eigener Mühe das Regiment zu einem tüchtigen machte, so würde er bei diesem eigennützigen Prinzip, trotz aller Vorschriften und genauer Anwendung derselben doch nicht im Stande sein,

---

sicht nach in mehrfacher Hinsicht, das bedeutendste, was er geschrieben hat) wird für Viele ernstlich geschmälert, weil Mr. Bounderby ein romanhaftes Monstrum und Stephen Blackpool von romanhafter Vollkommenheit ist, anstatt dass sie die charakteristischen Beispiele eines wirklichen Meisters und eines rechtschaffenen Arbeiters sind. Wir wollen jedoch den Wert, der in dem Dickensschen Humor und seiner Einsicht liegt, nicht verkennen, weil er mit dramatischer Leidenschaft zu sprechen liebt. Alle seine Bücher verfolgen in der Hauptsache einen richtigen Zweck, ein richtiges Ziel, aber vor allem sollte Hard Times mit Ernst und Fleiß von denen, die sich für soziale Fragen interessieren, gelesen werden. Sie werden vielerlei finden, was parteiisch ist und deshalb ungerecht erscheint, aber wenn sie die Behauptungen von der andern Seite, die Dickens anscheinend übersehen hat, prüfen, werden sie sich schließlich doch davon überzeugen, dass seine zwar derb und schroff ausgesprochene Ansicht die richtige ist.

die ganzen Kräfte seiner Untergebenen zur Entfaltung zu bringen. Ist er ein Mann von Verstand und Thatkraft, so kann er, ebenso wie bei dem vorigen Beispiel, einen besseren Erfolg erzielen, als durch die ungeregelte Güte eines schwachen Offiziers erreicht werden würde. Sind hingegen Verstand und Energie in beiden Fällen gleich, so wird unbedingt der Vorgesetzte, der in unmittelbarster persönlicher Beziehung zu seinen Leuten steht, die meiste Fürsorge für ihr Wohl hegt und ihr Leben am höchsten wertet, durch ihre Zuneigung zu seiner Person und durch ihr Vertrauen in seinen Karakter, ihre wirksamsten Kräfte in einem solchen Grade zur Entfaltung bringen, wie es durch keine anderen Mittel überhaupt erreichbar wäre. Diese Bedingung wird um so wichtiger, je größer die Zahl der Menschen ist, mit denen man zu rechnen hat. Ein Angriff mag oftmals gelingen, obgleich die Mannschaften ihre Offiziere nicht lieben, aber selten ist wohl eine Schlacht gewonnen worden, ohne die Liebe der Truppen zu ihrem General.

12. Wenden wir uns nun von diesen einfachen Beispielen zu dem komplizierteren Verhältnis zwischen einem Fabrikherrn und seinen Arbeitern, so stoßen wir zuerst auf gewisse Schwierigkeiten, die anscheinend aus den fremderen und kälteren persönlichen Be-

ziehungen entstehen. Es ist leicht, sich die
begeisterte Hingebung der Soldaten für ihren
Oberst zu vergegenwärtigen. Weniger leicht ist
es, sich die Liebe eines Baumwollspinners für
den Besitzer der Spinnerei vorzustellen. Eine
Bande, die sich zu Raubthaten mit einander
verbunden hat, wie in früheren Zeiten die
Hochlandsräuber, ist oft von völliger Hin-
gabe an ihren Anführer beseelt und jedes
einzelne Glied derselben gewiss bereit, sein
Leben für ihn hinzugeben. Eine Anzahl
Menschen aber, die zwecks gesetzmäßiger
Produktion und Warenanhäufung vereinigt ist,
wird im allgemeinen doch wohl nicht durch
solche Gemütserregungen beseelt, und keiner
von ihnen würde willens sein, sein Leben für
das seines Brotherrn zu opfern. Bei der
Ausführung unseres Systems werden wir
dieser scheinbaren Abweichung nicht nur bei
moralischen Dingen, sondern auch bei andern
damit zusammenhängenden, begegnen. Ein
Dienstbote oder ein Soldat wird zu einem
bestimmten Lohn oder Sold für einen bestimmten Zeitraum verpflichtet, aber ein Arbeiter wird zu einem je nach dem Arbeits-
angebot sich ändernden Lohnsatz eingestellt,
und zugleich mit der Aussicht, jederzeit seine
Stellung verlieren zu können, je nach den
Wechselfällen, denen der Handel unterworfen ist.

Da nun unter diesen Umständen keine wirkliche Zuneigung, sondern nur eine plötzlich ausbrechende Abneigung eintreten kann, haben wir in dieser Angelegenheit zweierlei in Erwägung zu ziehen.

Erstens: in wie weit kann der Lohnsatz so geregelt werden, dass er nicht mit Angebot und Nachfrage wechselt?

Zweitens: in wie weit ist es möglich, die Arbeiter zu solchem festen Lohnsatz einzustellen und beizubehalten, (wie auch immer die jeweilige Lage des Handels sein mag) ohne ihre Zahl zu vermehren beziehungsweise zu vermindern, damit sie ein bleibendes Interesse für das Geschäft haben, dem sie angehören — ähnlich dem treuer Dienstboten in den alten Familien — oder damit sie von einer Art Korpsgeist, wie ihn die Soldaten eines Elite-Regiments fühlen, beseelt werden.

13. Die erste Frage also wäre, wie weit lässt sich der Lohnsatz feststellen ohne Rücksicht auf die Lage des Arbeitsmarktes?

Einer der merkwürdigsten Fälle in der Geschichte der menschlichen Irrtümer ist wohl das Leugnen der Möglichkeit einer derartigen Lohnregulirung seitens der Nationalökonomen; ist doch bei allen wichtigen wie bei mancherlei unwichtigen Arbeiten auf Erden der Lohn schon auf ähnliche Weise festgesetzt.

Unsere Premierministerschaft werden wir nicht auf einer öffentlichen Versteigerung ausbieten, und ebensowenig werden wir nach Ableben eines Bischofs seinen Sprengel dem Geistlichen antragen, der das Bistum zum niedrigsten Preise übernehmen will, wie vorteilhaft solche Simonie vielleicht im allgemeinen auch sein würde. Wir (mit unserm ausgezeichneten nationalökonomischen Scharfsinn!) verkaufen aber thatsächlich Ämter, wenn auch nicht öffentlich, bewahre, und auch keine Generalstellen. Sind wir z. B. krank, so wollen wir nichts von einem Arzte wissen, der weniger als eine Guinee nimmt; haben wir einen Prozess, so denken wir nicht an die Möglichkeit, anstatt 6 und 8 Pence vielleicht nur 4 und 6 Pence bezahlen zu brauchen; ereilt uns ein Regenschauer, so warten wir nicht erst auf einen Kutscher, der vielleicht einen halben Schilling weniger für die Meile verlangt.

Allerdings stehen alle diese Fälle, wie es aber überhaupt alle nur denkbaren Fälle müssen, zu guterletzt in Beziehung zu der voraussichtlichen Schwierigkeit der Leistung, oder zu der Zahl der Stellenbewerber. Wenn es denkbar wäre, dass die Arbeit, die erforderlich ist, um ein guter Arzt zu werden, von einer genügenden Anzahl Studierender mit der Aussicht auf ein Honorar von nur einer halben

Guinee geleistet würde, so würde die öffentliche Meinung die überflüssige halbe Guinee
gern zurückbehalten.

In diesem letzten Sinne wird der Arbeitslohn thatsächlich immer durch das Angebot
geregelt, aber so weit die praktische und
augenblickliche Seite der Frage in Betracht
kommt, ist die beste Arbeit, wie es bei aller
Arbeit sein sollte, immer nach fester Lohntaxe
bezahlt worden und wird es noch heute.

14. „Wie?" mag der Leser vielleicht erstaunt fragen. „Gute und schlechte Arbeiter
sollen denselben Lohn erhalten?" Gewiss!
Der Unterschied zwischen der Predigt eines
Pastors und seines Nachfolgers, — oder
zwischen der Diagnose zweier Ärzte ist viel
größer infolge der dabei zu Tage tretenden
Verschiedenheit der Geistesanlagen und viel
wichtiger für deine eigene Person, als der
Unterschied zwischen guter und schlechter
Maurerarbeit, obwohl dieser größer ist, als
die meisten Menschen glauben. Ohne Murren
bezahlst du dasselbe Honorar für die gute
wie für die schlechte Arbeit an deiner Seele,
oder an deinem Körper. Müsstest du da nicht
mit viel größerem Rechte gleichen Lohn für
die gute und die schlechte Arbeit an deinem
Hause bezahlen? „Gewiss, aber den Arzt
und den Prediger wähle ich mir aus und

beweise dadurch, dass ich ihre Arbeit schätze." So wähle dir doch auch den Maurer aus, die beste Belohnung eines tüchtigen Arbeiters wäre ja die, „auserwählt zu werden". Hinsichtlich aller Arbeit ist die Bezahlung zu festen Lohnsätzen das natürliche und richtige System, nur sollte man eben den guten Arbeiter anstellen und den schlechten nicht. Ein ganz falsches, unnatürliches und schädliches System ist es hingegen, dem schlechten Arbeiter zu gestatten, seine Arbeit zu halbem Preise anzubieten und dadurch den tüchtigen Arbeiter zu verdrängen, oder ihn durch seine Mitbewerbung zu zwingen, zu einem unangemessenen Preise zu arbeiten.

15. Den kürzesten zulässigen Weg, der zur Lohngleichheit führt, zu finden, würde also unsere erste Aufgabe sein, die zweite aber, die ständige Beibehaltung einer bestimmten Anzahl Arbeiter, ohne Rücksicht auf die wechselnde Nachfrage nach dem von ihnen erzeugten Artikel.

Meiner Ansicht nach liegt in dem großen und jähen Wechsel der Nachfrage, der notgedrungen bei den kaufmännischen Unternehmungen einer strebsamen Nation eintreten muss, die einzige wesentliche Schwierigkeit für eine gerechte Arbeitsorganisation. Da die Erörterung dieses umfangreichen Themas aber mehr Raum in Anspruch nehmen würde, als

uns in diesen Blättern zu Gebote steht, so
wollen wir uns hier nur an die hauptsächlichsten
darauf bezüglichen Thatsachen halten.

Die Löhne der Arbeiter, von denen diese
ihr Leben bestreiten müssen, sind notwendigerweise höher, wenn ihre Arbeit Unterbrechungen
unterworfen ist, als wenn sie einen stetigen
und sicheren Fortgang nimmt. Wie sich auch
immer der Kampf um die Arbeit steigern mag,
das allgemeine Gesetz wird immer geltend
bleiben, dass die Leute, die durchschnittlich
nur an drei Tagen in der Woche auf Arbeit
rechnen können, höheren Tageslohn beanspruchen müssen, als wenn sie alle sechs
Wochentage sichere Arbeit hätten. Angenommen, ein Mensch könne nicht mit weniger
als einem Schilling täglich auskommen, so
muss er seine sieben Schillinge erhalten,
gleichviel, ob er nur drei Tage angestrengt
arbeitet, oder sechs Tage leichtere Arbeit verrichtet. Die Tendenz aller neueren Handels-
unternehmungen ist, sowohl die Lohnverhält-
nisse als auch das Geschäft zu einer Art
Glücksspiel umzugestalten. Das heißt, den Lohn
des Arbeiters von dem wechselnden Bedarf,
den Profit des Prinzipals von der geschickt
benutzten Gelegenheit abhängig zu machen.

16. Inwieweit dies teilweise in Folge der
Gestaltung des modernen Handels notwendig

sein mag, will ich, wie gesagt, hier nicht er-
örtern, begnüge mich vielmehr mit der Thatsache, dass das Übel in seinen schlimmsten
Begleiterscheinungen unbedingt nicht nötig ist
und allein aus der Lust am Glückspiel seitens
der Besitzer und aus der Unwissenheit und
Lüderlichkeit seitens der Arbeiter entspringt.
Die Fabrikbesitzer können es nicht ertragen,
sich irgend eine Gelegenheit zum Gewinn
entwischen zu lassen, stürzen sich wie wahn-
sinnig auf jede Lücke in Fortunas Mauern,
durchbrechen diese in der tollen Sucht nach
Reichtum und bieten mit ihrer ungezügelten
Habgier jeder Gefahr des Verderbens Trotz,
während die Arbeiter lieber drei Tage angestrengt arbeiten und sich die andern drei Tage
betrinken, anstatt sechs Tage mäßiger Arbeit,
abwechselnd mit vernünftiger Ruhe, vorzu-
ziehen.

Für den Prinzipal, der seinen Leuten wirklich helfen möchte, giebt es wohl keinen wir-
kungsvolleren Weg, als das Ankämpfen gegen
diese beiderseitigen schlechten Gewohnheiten,
indem er seine eigenen geschäftlichen Unternehmungen, um sie sicher verfolgen zu können,
genaueren Erwägungen unterwirft und den Ver-
suchungen zweifelhaften Gewinnes gegenüber
standhaft bleibt, zu gleicher Zeit aber versucht,
seine Arbeiter an regelmäßige Arbeit und

geordnetes Leben zu gewöhnen, entweder dadurch, dass er sie veranlaßt, lieber mit niedri-
gerem Lohn aber festem Gehalt zufrieden zu
sein, statt hohen Lohn zu fordern, mit der
Aussicht, jederzeit an die Luft gesetzt zu
werden; oder falls das unausführbar sein sollte,
dadurch, dass er das System anstrengender Arbeit für besonders hohen Tagelohn aufgäbe
und die Leute dahin brächte, lieber für gleich-
mäßigere Arbeit niedrigeren Lohn zu verlangen.

Eine derartig durchgreifende Umwälzung
würde zweifellos für die Urheber derselben
große Unbequemlichkeiten und Verluste nach
sich ziehen; aber das, was sich mit Bequem-
lichkeit und ohne Opfer ausführen läßt, ist
nicht immer das, was uns Not thut, oder was
gebieterisch von uns verlangt wird.

17. Ich habe schon auf den Unterschied hingewiesen, der zwischen den Menschen besteht,
die sich behufs Vollführung von Gewaltthaten
und denen, die sich in einer Fabrik zusammen-
gefunden haben. Die Ersteren sind der Selbstaufopferung fähig, die Letzteren nicht. In dieser
einfachen Thatsache liegt der wahre Grund der
allgemeinen Geringschätzung, die dem Handels-
beruf im Vergleich zum Waffenberuf entgegen-
gebracht wird. Philosophisch betrachtet, scheint
es auf den ersten Blick nicht vernünftig und viele

Schriftsteller haben sich bemüht, es als widersinnig hinzustellen, daß ein friedfertiger, verständiger Bürger, dessen Beruf im Kaufen und Verkaufen besteht, weniger angesehen sein sollte als ein streitbarer und oft unverständiger Mensch, dessen Beruf das Totschlagen ist. Nichtsdestoweniger hat das Urteil der Menschheit, der Philosophie zum Trotz, doch immer dem Soldaten den Vorzug gegeben. Das ist auch ganz in der Ordnung.

Denn der wahre und eigentliche Beruf des Soldaten besteht nicht im Töten, sondern im sich töten lassen! Dieserhalb ehrt ihn die Welt, ohne sich vielleicht selbst darüber klar zu sein. Der Beruf des Meuchelmörders besteht allein im Töten — übrigens hat auch die Welt den Mörder noch niemals höher geachtet als den Kaufmann. Der Grund, weshalb der Soldat geehrt wird, liegt darin, dass er sein Leben dem Staate zur Verfügung stellt. Er mag leichtsinnig sein, — ein Freund von Vergnügen und Abenteuern, und alle möglichen Nebenumstände und niedrigen Antriebe mögen ihn zu der Wahl dieses Berufes bestimmt haben und allem Anschein nach sein tägliches ausschließliches Geleit bilden: unsere Achtung vor ihm aber gründet sich auf die sichere Annahme, dass er, in eine Festungsbresche gestellt, hinter sich alle erdenklichen Verlockungen der Welt, vor sich nur den Tod und die Pflicht, stets doch geradeaus blicken wird. Er weiß, dass sein Schicksal ihn jeden Moment ereilen kann: so hat er sich eben seinen Teil vorweg genommen — und stirbt in Wahrheit eigentlich täglich.

18. Ebenso gründet sich die Achtung, die wir dem Rechtsgelehrten, dem Arzte zollen, doch in letzter Hinsicht auf deren Selbstaufopferung. Ganz abgesehen von den Kenntnissen oder dem Scharfsinn eines Rechtsgelehrten, beruht unsere Achtung vor ihm auf der Voraussetzung, dass er, auf einen Richterstuhl gesetzt, nur bemüht sein wird, gerecht zu richten, komme was kommen mag. Könnten wir annehmen, dass er Bestechungen zugänglich wäre und seinen Scharfsinn und seine Fachkenntnisse dazu benutzte, ungerechte Entscheidungen glaubwürdig zu machen, so würde uns auch das höchste Maß von Verstand keine Achtung abnötigen. Diese wird durch nichts als durch unsere innere Überzeugung gewonnen, dass in allen wichtigen Lebenslagen bei ihm zuerst die Gerechtigkeit in Frage kommt und in zweiter Linie sein eigener Vorteil.

Beim Arzte tritt der Grund unserer Ehrerbietung noch klarer zu Tage. Seine Kunst könnte noch so groß sein, wir würden entsetzt vor ihm zurückweichen, wenn wir bemerkten, dass er seine Patienten nur als Versuchs-

objekte betrachtete. Und viel mehr noch,
wenn wir entdeckten, dass er durch Bestechung
sich bereit finden ließe, seine Kenntnisse zu
benutzen, um Gift unter der Maske der Medizin
einzugeben.

In Bezug auf die Geistlichkeit schließlich
tritt diese Voraussetzung in das hellste Licht.
Selbst die beste Absicht kann beim Arzte den
Mangel an Kenntnissen nicht ersetzen, ebensowenig wie beim Rechtsanwalt den Mangel an
Schlauheit. Ein Geistlicher aber wird immer,
auch bei geringen geistigen Anlagen, wegen
der bei ihm vorausgesetzten Selbstlosigkeit und
Dienstwilligkeit geachtet werden.

19. Es unterliegt nun wohl keinem Zweifel,
dass in dem Falle, wo Takt, Überblick, Ent-
schlusskraft und andere geistige Fähigkeiten
zur erfolgreichen Handhabung eines großen
kaufmännischen Unternehmens in Anspruch genommen werden, wofern solche nicht mit den
Anforderungen an einen Rechtsgelehrten, Heer-
führer oder Geistlichen verglichen werden
können, sie doch wenigstens den Ansprüchen,
die man an die Tüchtigkeit von Unteroffizieren
eines Schiffes oder Regimentes, oder an den
Geistlichen einer Landpfarre stellt, gleich-
kommen. Wenn also alle Angehörigen der
sogenannten höheren Berufsarten in der öffentlichen Achtung noch irgend wie höher stehen

als der Chef einer Handelsfirma, so muss der
Grund davon tiefer liegen als nur in dem
Wertmaße ihrer verschiedenen Geisteskräfte.
Der eigentliche Grund solcher Bevorzugung
liegt thatsächlich in der A n n a h m e, der Kaufmann handele stets selbstsüchtig. Seine Arbeit
kann für die Allgemeinheit sehr notwendig sein,
aber der Beweggrund dazu wird immer als
ein rein persönlicher aufgefaßt. Des Kaufmanns Hauptaugenmerk muss sich, nach der
öffentlichen Meinung, immer darauf richten,
soviel wie möglich an sich zu bringen und
seinem Mitmenschen oder Kunden so wenig wie
möglich zu lassen. Obwohl die bürgerlichen
Gesetze ihn noch in diesen Grundsätzen be-
stärken, und obgleich das Publikum ihm das
bei jeder Gelegenheit zu Gemüte führt, ja auch
seinerseits dieser Auffassung beipflichtet, indem es mit lauter Stimme als allgemein gül-
tiges Gesetz verkündet, der Käufer müsse unbedingt feilschen und der Verkäufer müsse be-
trügen, verdammt es den Handeltreibenden
trotz alledem unwillkürlich wegen seiner Will-
fährigkeit, diese Grundsätze anzuerkennen! Sie
stempelt ihn zu einer den untergeordneten
Klassen angehörenden Persönlichkeit.

20. Mit der Zeit werden die Menschen wohl
erkennen, dass sie dieses Verfahren aufgeben
müssen. Sie sollen nicht aufhören, die Selbst-

sucht zu verdammen, aber sie müssen eine
neue Art des Handeltreibens, die nicht aus-
schließlich eigennützig ist, entdecken. Oder
vielmehr, sie müssen zu der Erkenntnis gelangen, dass es niemals eine andere Art wirklichen Handels gegeben hat, noch geben wird,
dass das, was sie Handel genannt haben, überhaupt kein Handel, sondern Betrug war, und
dass ein wahrer Kaufmann so verschieden von
dem, wie ihn die moderne Nationalökonomie an-
strebt, ist, wie der Held im Schauspiel „Excur-
sions" von Autolycus. Sie werden sich überzeugen, dass der Handel ein Beruf ist, dem
sich mit täglich steigender Notwendigkeit
Edeldenkende widmen müssen; dass dieses
Amt vielleicht wichtiger ist, als zu predigen
oder totzuschlagen. Weiter werden sie erkennen, dass es bei einem gerechten Handel ebenso wie bei einer wahren Predigt oder
einem offenem Kampfe notwendig ist, sich
mit dem Gedanken gelegentlicher, unvermeid-
licher, freiwilliger Verluste vertraut zu machen,
— dass bei richtigem Pflichtbewußtsein ebensogut ein halber Schilling wie das Leben
aufs Spiel gesetzt werden muss; dass es auf
dem Markte auch gerade so ein Martyrium,
als auf der Kanzel geben mag, und im Handel
ebensogut wie im Kriege Heldentum vorhanden
sein kann.

Sein kann und auch als Endergebnis sein muss, nur bis jetzt noch nicht vorhanden war, weil Menschen mit heroischen Anlagen gewöhnlich schon in ihrer Jugend in andere Bahnen gedrängt werden. Sie übersehen, was heutzutage vielleicht die wichtigste aller Berufsarten ist. Während so mancher mit begeistertem Eifer sein Leben einsetzt um die Lehre eines Evangeliums zu predigen, werden nur wenige eine Summe Geldes opfern, um diese Lehre in die Praxis umzusetzen.

21. Thatsächlich haben sich die Menschen niemals eine klare Vorstellung von den wahren Aufgaben eines Kaufmanns, in Hinsicht auf seine Mitmenschen gemacht. Ich möchte dem Leser gern darüber Klarheit verschaffen.

Bis jetzt hat es fünf hohe intellektuelle Berufsarten, die den täglichen Lebensbedürfnissen entsprechen, gegeben. Drei davon giebt es notgedrungen bei jedem zivilisierten Volke.

Der Beruf des Soldaten ist, das Volk zu verteidigen.

Der des Predigers, es zu belehren.

Der des Arztes, es gesund zu erhalten.

Der des Rechtsgelehrten, seine Rechte zu wahren.

Der des Kaufmanns, es zu versorgen.

Und die Pflicht jedes Einzelnen erheischt,

dass er nötigenfalls seinem Volke sein Leben zum Opfer bringt.

Nötigenfalls, das will heißen: —

Der Soldat muss eher sein Leben hingeben, als dass er während der Schlacht seinen Posten verlässt.

Der Arzt eher, als dass er während einer Epidemie seinen Posten verlässt.

Der Prediger eher, als dass er wider bessere Überzeugung lehrt.

Der Rechtsgelehrte eher, als dass er Ungerechtigkeiten duldet.

Und der Kaufmann, — was nötigt ihn, sein Leben hinzugeben?

22. Für den Kaufmann liegt der Fall ebenso wie für uns Alle. Denn wahrlich, der Mensch, der nicht weiß, wann er sein Leben opfern muss, weiß auch nicht, wie er zu leben hat.

Beachte wohl, die Obliegenheit des Kaufmanns (oder Fabrikanten, denn in dem weiten Sinne, in dem hier das Wort gebraucht ist, müssen alle Beide darunter verstanden werden) ist es, das Vaterland zu versorgen. Es ist ebensowenig seine Aufgabe, eigenen Nutzen aus dieser Versorgung zu ziehen, als es Aufgabe eines Geistlichen ist, sein Gehalt zu beziehen. Dieses Gehalt ist etwas ihm Gebührendes, Notwendiges, aber nicht sein Lebenszweck, wenn er ein wahrer Prediger ist; ebenso wenig wie einem rechtschaffenen Arzte sein Honorar Lebenszweck ist. So dürfte auch dem wahren Kaufmann sein Gewinn nicht Lebenszweck sein. Alle drei haben als tüchtige Männer ganz abgesehen vom Gewinn einen Beruf zu erfüllen, der unter allen Umständen erfüllt werden muss, selbst bei dem Gegenteil von Gewinn. Sache des Predigers ist es zu lehren, des Arztes zu heilen und des Kaufmanns, wie schon gesagt, zu versorgen. Das heißt nun, er muss den Wert des Artikels, mit dem er handelt, bis aufs Genauste beurteilen können und wissen, wie er erzeugt wird, woher er zu beziehen ist. Seinen ganzen Scharfsinn und seine ganze Willenskraft muss er darauf verwenden, ihn in allerbester Art herzustellen oder zu beziehen, um ihn dann zu einem möglichst niedrigen Preise, dort wo er am nötigsten gebraucht wird, abzusetzen.

Da nun die Herstellung und Beschaffung von Waren notwendig die Mitwirkung vieler Köpfe und Hände in Anspruch nimmt, wird der Kaufmann durch den Geschäftsgang auch der Herr und Beherrscher großer Menschenmassen, in noch größerer, wenn auch weniger augenfälliger Weise, als der kriegerische Vorgesetzte, oder der Prediger. Dadurch fällt auch ein großer Teil der Verantwortlichkeit für die Lebensführung der Angestellten auf ihn, und es ist seine Pflicht,

nicht nur über die beste und billigste Art der
Produktion seiner Waren nachzudenken, sondern auch darüber, wie die verschiedenen Be-
schäftigungen, die zu ihrer Erzeugung und
Beschaffung erforderlich sind, am segensreich-
sten für die damit Beauftragten zu gestalten
sind.

23. Da nun der Kaufmann gezwungen ist,
seine ganze Thatkraft auf diese beiden Aufgaben zu verwenden, deren richtige Lösung
sowohl die höchste Klugheit wie Geduld, Güte
und Takt erfordern, so muss er zu ihrer Erfüllung auch in demselben Maße wie der Soldat
oder der Arzt bereit sein, sein Leben, wenn
es darauf ankommt, auf die von ihm geforderte
Weise dafür einzusetzen.

Zwei wichtige Punkte hat er bei seinen
Geschäften im Auge zu behalten, erstens die
übernommenen Verpflichtungen (denn Gewissen-
haftigkeit bei deren Erfüllung ist die Grund-
regel für alle Handelsgeschäfte) und zweitens,
die Güte und Reinheit der Ware; und zwar
so, dass er lieber jeder Art von Unglück,
Armut oder Mühe, die ihn bei Aufrechterhal-
tung dieser Grundsätze treffen kann, furcht-
los ins Auge sieht, als dass er bei irgend einem
Geschäft sich einer Pflichtversäumnis schuldig
machte, oder seine Zustimmung zu einer Ver-
schlechterung oder Fälschung der Waren, oder

zu einer ungerechten, übertriebenen Preis-
steigerung gäbe.

24. Ferner erwächst ihm in seiner Stellung als
Beherrscher der von ihm angestellten Leute
eine gewisse väterliche Aufsicht und Verantwortlichkeit. In den meisten Fällen wird der
Jüngling, der in ein Geschäft eintritt, dem
häuslichen Einflusse entzogen; sein Prinzipal
muss ihm den Vater ersetzen, denn sonst hätte
er für sofortige oder dauernde Hilfe keinen
Vater zur Seite. Das Ansehen des Prinzipals,
in Verbindung mit dem allgemeinen Ton, der
ganzen Atmosphäre, die in dem Geschäfte
herrschen, sowie der Karakter der Leute, mit
denen der Jüngling während des Geschäfts-
betriebes unlöslich verbunden ist, alles das
hat jedenfalls mehr unmittelbare und größere
Bedeutung für ihn als der häusliche Einfluss
und wird diesen gewöhnlich nach der guten oder
bösen Seite hin ergänzen oder ganz aufheben.
Das einzige Mittel, das der Prinzipal besitzt,
um dem Angestellten gerecht zu werden, ist,
sich selbst ernstlich zu fragen, ob er an dem
Untergebenen so handelt, wie er es an seinem
eigenen Sohne thun würde, falls dieser, durch
die Umstände gezwungen, solche Stellung annehmen müsste.

Angenommen, der Kapitän einer Fregatte
hielte es für richtig, oder wäre durch die

Umstände gezwungen, seinen Sohn als gewöhnlichen Matrosen einzustellen, so müsste er alle
seine Untergebenen ebenso behandeln, wie er
in diesem Falle seinen Sohn behandelt sehen
möchte. Oder, angenommen ein Fabrikherr
hielte es für richtig oder wäre durch die Umstände gezwungen, seinen Sohn als gewöhnlichen Arbeiter einzustellen, so müsste er alle
seine Arbeiter ebenso behandeln, wie er in
diesem Falle seinen Sohn behandelt sehen
möchte.

Das ist die einzig wirksame, richtige und
praktische Regel, welche über diesen Punkt
der Nationalökonomie aufgestellt werden kann.

Und wie der Kapitän eines Schiffes bei einem
Schiffbruch verpflichtet ist, als Letzter sein
Schiff zu verlassen und im Falle einer Hungersnot seine letzte Brotrinde mit den Matrosen
zu teilen, so ist der Fabrikherr bei jeder Ge-
schäftskrisis verpflichtet, das Unglück mit seinen
Leuten zu tragen, ja noch mehr, es vorzugsweise auf sich selbst zu nehmen anstatt zu
dulden, dass seine Leute darunter leiden; gleichwie ein Vater bei Hungersnot, Schiffbruch
oder in der Schlacht sich für seinen Sohn
opfern würde.

25. Das alles klingt wohl sehr sonderbar,
trotzdem ist das einzige wirklich Sonderbare
an der Sache, dass es so klingt; denn es ist

alles Wahrheit und nicht etwa einseitige oder theoretische, sondern ewige und praktische Wahrheit. Alle andern Dogmen, die die Sache von der politischen Seite betrachten, sind in ihren Prämissen falsch, thöricht in ihren Schlussfolgerungen und in der Praxis unmöglich; sie hemmen jede fortschrittliche Bewegung des volkswirtschaftlichen Lebens. Alles wirkliche Leben, das wir jetzt als Nation besitzen, äußert sich nur in der entschlossenen Verneinung und Geringschätzung, die einige tapfere Gemüter und pflichttreue Herzen den falschen ökonomischen Grundsätzen entgegensetzen, die unsern Massen eingetrichtert werden und die, wenn durchgeführt, geraden Wegs auf den nationalen Verfall lossteuern.

Was nun die Art und Weise sowie die Formen des Verfalls betrifft, zu dem sie unbedingt führen, und auf der andern Seite die praktische Wirkung einer richtigen Staatswirtschaft, hoffe ich in dem nächsten Aufsatz klar zu stellen.

DIE
ADERN DES REICHTUMS

26. Die Entgegnung, die mir von den gewöhnlichen Nationalökonomen auf die in den vorhergehenden Blättern enthaltenen Auseinanderset-
zungen wahrscheinlich zu Teil wird, dürfte in
kurzen Worten ungefähr folgendermaßen lauten:

„Es ist unzweifelhaft richtig, dass gewisse
Vorteile allgemeiner Natur durch die Entfaltung sozialer Regungen erreicht werden können.
Nationalökonomen aber haben sich niemals
dazu verstanden und werden sich auch nie
dazu verstehen, Vorteile gemeinnütziger Art
in Betracht zu ziehen. Unsere Wissenschaft ist
einfach die Kunst, reich zu werden. Weit entfernt davon, eine trügerische, gauklerische
zu sein, hat sie sich vielmehr erfahrungsgemäß als praktisch wirksam erwiesen. Die
Menschen, die ihre Vorschriften befolgen,
werden thatsächlich reich, und diejenigen, die
sie missachten, werden oder bleiben arm.
Jeder europäische Kapitalist ist durch das Befolgen der bekannten Regeln unserer Wissenschaft in den Besitz seines Vermögens gekommen und vergrößert noch täglich sein

Vermögen dadurch, dass er an ihnen festhält. Es ist vergeblich, der Gewalt anerkannter Thatsachen logische Kunstgriffe entgegensetzen zu wollen. Jeder Geschäftsmann weiß aus Erfahrung, auf welche Weise Geld verdient wird, und wie es verloren geht."

Ich bitte um Verzeihung! Geschäftsleute wissen allerdings, auf welche Weise sie zu Geld gekommen sind, oder bei welcher Gelegenheit sie es verloren haben. Da sie sich einem lang erprobten Spiel hingeben, kennen sie die Chancen ihrer Karten und können sich dadurch ihre Verluste und Gewinne richtig erklären. Aber sie wissen weder, wer die Bank des Spielhauses hält, noch zu welchen andern Spielen dieselben Karten verwendet werden können. Sie wissen auch nicht, welche andern Verluste oder Gewinne dort draußen, in den dunkeln, entlegenen Straßen, thatsächlich, wenn auch nicht offenkundig von den ihren, in den hell erleuchteten Räumen gemachten, abhängen. Sie haben überhaupt wenig, nur sehr wenig von den Gesetzen der Handelsökonomie begriffen, aber von denen der Nationalökonomie gar nichts.

27. Ich habe die sonderbare, aber bemerkenswerte Beobachtung gemacht, dass die Geschäftsleute selten die Bedeutung des Wortes „reich" kennen. Wenigstens entspricht ihr

Verhalten, wenn sie sie kennen sollten, nicht
der Thatsache, dass es ein relativer Begriff
ist, welches seinen Gegensatz „arm" ebenso
bestimmt in sich schließt, wie das Wort Norden
den Gegensatz Süden. Die Menschen reden
und schreiben fast immer so, als ob Reichtum
etwas absolutes wäre, und als ob bei Befol-
gung bestimmter wissenschaftlicher Vorschriften
Jeder reich werden könnte, während doch
Reichtum eine Kraft wie die Elektrizität ist,
die nur durch Ungleichheit und Verneinung
ihrer selbst in Wirkung tritt. Die Macht der
Guinee in deiner Tasche hängt ganz allein
davon ab, ob die Tasche deines Nebenmenschen
leer ist. Braucht er sie nicht, nützt sie dir
fast nichts. Der Grad ihrer Macht hängt genau von seinem Bedürfnis oder Verlangen danach ab. Die Kunst, dich selber zu bereichern,
ist also im gewöhnlichen handelsökonomischen
Sinne notwendigerweise gleichbedeutend mit
der, deinen Nebenmenschen arm zu erhalten.

28. Ich möchte hierbei nicht, wie ich es
überhaupt nur ungern thue, über den Gebrauch
bestimmter Ausdrücke streiten. Ich möchte
aber doch, dass der Unterschied zwischen den
beiden Wissenschaften der Ökonomie dem
Leser recht klar und deutlich würde, denn die
Bezeichnungen „National" oder „Handel"
können nicht beliebig hinzugefügt werden.

Nationalökonomie (die Wirtschaft eines Staates oder seiner Bürger) besteht einfach aus der Erzeugung, der Erhaltung und dem in Hinsicht auf Zeit und Ort passenden Absatz nützlicher und angenehmer Dinge. Der Landmann, der sein Gras zur rechten Zeit schneidet, der Schiffbauer, der seine Bolzen recht in gesundes Holz treibt, der Baumeister, der gute Backsteine mit richtig zubereitetem Mörtel aufmauert, die Hausfrau, die ihre Möbel in den Zimmern ordentlich hält und über allem in der Küche wacht, die Sängerin, die ihre Stimme richtig schult und nicht überanstrengt, — sie Alle sind Nationalökonomen in des Wortes richtigster Bedeutung, denn sie tragen beständig zum Reichtum und Wohlbefinden der Nation, der sie angehören, bei.

Handelsökonomie hingegen, die Ökonomie des „merces" oder des „Lohnes", bedeutet Anhäufung in den Händen Einzelner, die rechtlichen Anspruch auf, oder moralische Gewalt über die Arbeit der Anderen besitzen. Und in jedem solchen Verhältnis liegt auf der einen Seite so viel Armut oder Verschuldung, wie auf der andern Reichtum oder Rechtsanspruch. Deshalb folgt daraus auch nicht unbedingt eine Vermehrung des thatsächlichen Besitzes oder Wohlstandes des betreffenden Staates. Da nun kommerzieller Reichtum oder Arbeitsmacht sich

fast immer sofort in wirkliches Vermögen umsetzen läßt, während sich andererseits wirkliches Vermögen nicht immer sofort in Arbeitsmacht umsetzen lässt, so meint man, wenn
man vom Reichtum strebsamer Menschen in
Kulturländern spricht, im allgemeinen immer
den Handelsreichtum, und bei der Einschätzung
des Besitzes berechnet man den Wert der
Pferde und Ländereien mehr nach der Höhe
der Summe, die man dafür bekommen würde,
als umgekehrt den Wert des Kapitals nach der
Anzahl der Pferde und Ländereien, die man
damit erwerben könnte.

29. Es giebt aber noch einen andern Grund
für diese Denkungsart, nämlich den, dass eine
Anhäufung großen Besitzes wenig Nutzen für
den Eigentümer hätte, wenn damit nicht zugleich finanzielle Arbeitsmacht verbunden wäre.
Angenommen z. B. irgend Jemand käme in
den Besitz eines großen, fruchtbaren Land-
gutes, das wahre Goldgruben in sich birgt, auf
dessen Wiesen unzählige Viehherden weiden,
und zu dem Häuser, Gärten und Speicher voller
Vorräte gehören. Weiter angenommen, der Betreffende könnte zu dem allen aber keine Leute
bekommen? Was dann? Um Leute bekommen
zu können, muss es in seiner Nachbarschaft
unbedingt Arme geben, die sein Geld nötig
haben oder seines Getreides bedürfen. Wollte

man annehmen, dass Keiner des Andern be-
dürfe, dass keine Arbeitskräfte zu haben wären, so müsste er sein Brot selber backen,
seine Kleider selbst anfertigen, seinen Acker
selber pflügen und seine Schafe selber hüten.
Sein Gold würde ihm nicht mehr nützen, als
ein gelber Kieselstein auf seinem Hofe. Seine
Vorräte müssten verderben, da er sie nicht
verbrauchen könnte. Er kann ja nicht mehr
essen und verbrauchen als ein anderer Mensch
essen und verbrauchen kann. Er muss ein
äußerst arbeitsames Leben führen, um sich nur
die einfachsten Bequemlichkeiten zu verschaffen
und wird schließlich doch nicht im Stande sein,
sein Haus in Ordnung, seine Felder im ertrag-
fähigen Zustande zu erhalten. Er muss sich
mit dem kleinen Teil eines armen Mannes an
Haus und Garten begnügen, inmitten einer
Wüste, oder von Viehherden zerstampfter
Landstrecken, bestreut mit den Trümmern
der Paläste, die er wohl kaum noch in Selbst-
verspottung sein Eigentum nennen möchte.

30. Unter diesen Bedingungen würde wahrscheinlich selbst der habgierigste Mensch
derartige Reichtümer nur mit geringem Froh-
locken entgegennehmen. Was unter der
Benennung Reichtum eigentlich erstrebt wird,
ist im Wesentlichen Macht über die Menschen. Im einfachsten Sinne nämlich die

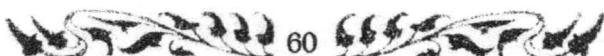

Macht die Arbeit des Dienstboten, Gewerbe-
treibenden oder Künstlers zu eigenem Vorteil zu verwerten, und in weiterem Sinne
die Machtbefugnis, große Volksmassen zu
bestimmten Zwecken, guten, schädlichen oder
gleichgültigen zu verwenden, je nach dem
Willen des Reichen. Diese Macht des
Reichtums ist natürlich größer oder geringer
je nach der Armut derer, über die sie aus-
geübt wird und steht im umgekehrten Verhältnis zu der Zahl der Personen, die ebenso
reich wie wir selbst und bereit sind, denselben Preis für einen nur im beschränkten
Maße vorhandenen Artikel zu zahlen. Ein
armer Musiker wird, so lange nur einer da
ist, der ihn bezahlen kann, für geringen Preis
singen, sind aber deren mehrere vorhanden,
so wird er nur Dem, der das meiste dafür
bietet, vorsingen. So hängt die Macht des
Gönners, die dieser in seinem Reichtum besitzt (und die selbst bei größter Herrschaft
immer noch unvollkommen und zweifelhaft
ist, wie wir bald sehen werden) in erster
Linie von der Armut des Künstlers ab, und
ferner von der Anzahl ebenso reicher Personen, die auch Plätze für das Konzert beanspruchen. Also bedeutet, wie vorhin erklärt
wurde, die Kunst reich zu werden, im gewöhnlichen Sinne nicht unbedingt immer die

Kunst der eigenen Geldanhäufung, sondern
es muss auch die Kunst darunter verstanden
werden, zu bewerkstelligen, dass unsere Mitmenschen weniger haben als wir. Genau
ausgedrückt ist es: „die Kunst, das höchste
Maß von Ungleichheit, zu unsern Gunsten, zu
schaffen.“

31. Ob die Erlangung solcher Ungleichheit
vorteilhaft oder unvorteilhaft für den Volks-
körper wäre, lässt sich so allgemein genommen
nicht nachweisen. Die vorschnelle und lächer-
liche Annahme, dass diese Ungleichheit unbedingt vorteilhaft sein müsse, liegt den
meisten herkömmlichen Irrtümern der Nationalökonomie zu Grunde. Das ewige und unab-
änderliche Gesetz hierfür ist, dass der Segen
der Ungleichheit, erstens von der Methode
ihrer Erlangung und, zweitens von dem Zweck,
zu dem sie benutzt wird, abhängt. Durch
ungerecht erworbenen Reichtum erzielte Ungleichheiten haben der Nation, in der sie bestehen, unbedingt immer während der Erwerbung des Reichtums geschadet, und in un-
gerechter Weise ausgenutzte Ungleichheiten
schaden ihr während der Dauer ihres Be-
stehens noch mehr. Dagegen werden die
durch rechtmäßig erworbenen Reichtum entstandenen Ungleichheiten im Laufe ihrer Ent-
wicklung für die Nation immer Segen stiften

und gut angewandt, werden sie ihr durch ihr
Bestehen nur noch mehr zum Vorteil gereichen.
Das heißt, so zu sagen, die verschiedene Stärke
der Individuen eines strebsamen und gut re-
gierten Volkes, die zweckmäßig angewandt wird
und je nach Bedarf verschieden in Kraft tritt,
bringt zwar ungleiche aber harmonische Resultate hervor, indem sie dem Stande oder der
Dienstleistung* entsprechend Lohn oder Ar-

---

* Ich bin natürlich hinsichtlich des in dem ersten
dieser Artikel gethanen Ausspruches „die schlechten Arbeiter bleiben ohne Anstellung" verschiedent-
lich gefragt worden: „Aber was soll aus den schlechten Arbeitern, wenn sie keine Anstellung finden,
werden?" Mir scheint, diese Frage hätte dir schon
früher einfallen müssen. Die Stelle deines Haus-
mädchens ist vakant, — du bezahlst jährlich 20 Pfund
— zwei Mädchen melden sich, die eine sauber ge-
kleidet, die andere schmutzig; die eine mit guten
Zeugnissen, die andere ohne Zeugnisse. Unter
diesen Umständen wirst du ganz sicherlich nicht
die schmutzige fragen, ob sie für fünfzehn oder
zwölf Pfund die Stelle haben will, und im Falle sie
darauf einginge, diese anstatt der gut empfohlenen
mieten. Noch weniger wirst du versuchen, beide
herunter zu drücken, indem du sie veranlasst, sich
gegenseitig zu unterbieten, bis du beide mieten
kannst, die eine zu zwölf Pfund jährlich, die andere
zu acht. Du nimmst einfach die für die Stelle geeignetste und schickst die andere fort. Die Frage,
was mit dieser wird, deren Beantwortung du eben
ungestüm von mir verlangst, beunruhigt dich wahrscheinlich weniger als sie eigentlich sollte. Ich
empfehle dir ja weiter nichts, als mit den Arbeitern

beitsmacht zur Folge hat, während ein un-
thätiges oder schlecht regiertes Volk durch
seinen stufenweisen Verfall und den Triumph
der Schurkerei sich sein eigenes, rohes System
der Unterthänigkeit und des Erfolges schafft
und an die Stelle der aus dem Zusammenwirken
der Kräfte entstandenen harmonischen Ungleichheiten, die ungerechte Herrschaft und
den Druck von Schuld und Knechtschaft setzt.

---

genau so wie mit den Dienstboten zu verfahren,
und wahrlich, die Frage, was aus den schlechten
Arbeitern, den Arbeitsscheuen und Gaunern wird,
ist von großer Bedeutung. Wir wollen uns gleich
einmal damit beschäftigen, — aber daran denken,
dass die Ausführung eines vollständigen nationalen
Handels- oder Industriesystems mit allen Einzelheiten unmöglich innerhalb eines Raumes von
wenigen Seiten erklärt werden kann. Zugleich wollen
wir in Erwägung ziehen, ob es nicht ratsam wäre,
so wenig wie möglich an Gaunern und Bummlern
zu produzieren, da sie dem Staat unleugbar einige
Schwierigkeiten verursachen. Forschst du in der
Geschichte der Gauner nach, so wirst du finden,
dass sie genau wie andere Artikel zu den künstlich
erzeugten gehören, und gerade daraus, dass unser
gegenwärtiges nationalökonomisches System diesen
Erzeugnissen solch großen Anreiz verleiht, kannst
du ersehen, dass es falsch ist. Wir thäten besser
nach einem System, aus dem sich ehrliche Menschen entwickeln, zu suchen, als nach einem, das
geschickt mit Vagabunden umzugehen lehrt. Wir
müssten unsere Schulen einer Reform unterziehen,
unsere Gefängnisse würden dann weniger besserungs-
bedürftig sein.

32. Der Kreislauf des Reichtums in einem
Lande gleicht also dem des Blutes im menschlichen Körper. Es giebt dabei eine Art be-
schleunigten Tempos, die durch heitere Ge-
mütsbewegung oder gesunde Übungen — und
eine andere, die durch Scham oder Fieber
hervorgerufen wird. Es giebt eine Art der
Erregung im Körper, die voller Wärme und
Leben ist und eine andere, die zur Zersetzung
führt.

Das Gleichnis wird bis in die kleinsten
Einzelheiten zutreffen, denn da eine lokale
Erkrankung des Blutes einen Druck auf das
Allgemeinbefinden ausübt, so bringt jede un-
gesunde lokale Verwendung von Reichtümern
die Hülfsquellen des nationalpolitischen Körpers
zum versiegen. —

Die Art und Weise, in der dies vor sich
geht, soll hier sogleich gezeigt werden, indem
wir einige Beispiele von Reichtumsanhäufung
unter den möglichst einfachen Verhältnissen
prüfen wollen.

33. Nehmen wir an, dass zwei Matrosen an
eine unbewohnte Küste verschlagen und gezwungen sind, sich dort eine Zeitlang durch
ihre eigene Arbeit zu erhalten.

Bleiben sie beide gesund und arbeiten in
Freundschaft mit einander stetig fort, so können
sie sich mit der Zeit ein Haus bauen und in

den Besitz einer bestimmten Strecke bebauten Landes kommen und zugleich verschiedene Vorräte zu späterem Gebrauch aufspeichern. Alle diese Dinge würden wirklicher Reichtum oder Besitz sein; und vorausgesetzt die Männer hätten beide mit demselben Fleiß gearbeitet, so würden sie beide auch gleichen Anteil und gleiche Benutzung beanspruchen können. Ihre Nationalökonomie würde nur in sorgfältiger Erhaltung und gerechter Teilung dieser Besitztümer bestehen. Es könnte nun aber der Fall eintreten, dass nach einiger Zeit der Eine oder der Andere mit den Erfolgen ihrer gemeinsamen Landbebauung unzufrieden wäre, und sie in Folge dessen übereinkämen das urbar gemachte Land in zwei gleiche Teile zu teilen, so dass nun Jeder auf seinem eigenen Felde arbeitete und davon lebte. Angenommen nun, Einer von ihnen würde krank und wäre dadurch nicht im Stande sein Land zu bearbeiten, und zwar gerade zu einer kritischen Zeit, — sei es zur Zeit der Ernte, oder der Aussaat, — so würde er natürlich den andern bitten für ihn zu säen oder zu ernten.

Sein Gefährte würde dann aber mit vollkommenem Rechte sagen können: „Ja, ich will die Arbeit für dich thun, aber nur unter der Bedingung, dass du mir versprichst, ein andermal ebensoviel für mich zu arbeiten.

Ich werde berechnen, wieviel Stunden ich mich auf deinem Grund und Boden beschäftige, und du musst mir das schriftliche Versprechen geben, wenn ich deine Hilfe nötig habe, und du im Stande bist, sie mir zu leisten, ebensoviel Stunden auf dem meinigen zu arbeiten.

34. Angenommen nun aber, die Krankheit des Arbeitsunfähigen dauere fort, so dass er unter den verschiedensten Umständen jahrelang gezwungen wäre, die Hülfe des Andern in Anspruch zu nehmen und jedesmal die schriftliche Bescheinigung ausstellte, sobald er dazu fähig wäre, für seinen Gefährten ebensoviel Stunden arbeiten zu wollen, wie dieser ihm jetzt geopfert hätte. Wie wird dann die Lage der Beiden sein, wenn der Kranke wieder seine Arbeit aufnehmen kann? Betrachtet man sie als Gemeinwesen oder Staat, so wären sie ärmer als sie es andern Falles sein würden; ärmer durch die Einbuße dessen, was der Kranke in der Zwischenzeit hätte schaffen können. Sein Freund hat wahrscheinlich wegen der vermehrten Anforderungen mit verdoppelter Energie und Anstrengung die schwere Arbeit verrichtet, aber schließlich muß doch sein eigener Grund und Boden darunter gelitten haben, dass ihm soviel seiner Zeit und Gedanken entzogen wurde — und der gemein-

same Besitz der beiden Menschen wird jetzt
jedenfalls minderwertiger sein, als wenn sie
Beide gesund und thätig gewesen wären.

Auch ihr gegenseitiges Verhältnis hat sich
sehr geändert. Der Kranke hat nicht nur seine
Arbeit für einige Jahre verpfändet, sondern
wird wahrscheinlich auch seinen Anteil der
aufgespeicherten Vorräte verbraucht haben und
in Folge dessen für längere Zeit betreffs seiner
Ernährung abhängig von dem Andern sein, den
er wiederum nur dadurch „bezahlen" kann, dass
er immer tiefer in Arbeitsverpfändung gerät.

Vorausgesetzt die schriftlichen Verpflichtungen würden sämmtlich in Kraft treten, (unter
zivilisierten Völkern wird ihr Wert gesetzlich
geregelt*) so könnte die Person, die bis jetzt
für Beide gearbeitet hat, sich nun, wenn sie

---

* Die hinsichtlich der wahren Natur des Geldes bestehenden Streitigkeiten entspringen mehr aus dem
Grunde, dass die Streitenden die mit dem Gelde
verbundenen Funktionen von verschiedenen Seiten
betrachten, als dass ihre Meinungen wirklich von
einander abwichen. Alles Geld, was man gewöhnlich so darunter versteht, ist eine Anerkennung von
Schulden; aber als solche kann es entweder die
Verkörperung von Arbeit und Eigentum des Gläu-
bigers sein, oder die Verkörperung der Faulheit und
Armut des Schuldners. Die Frage wird durch den
bis jetzt noch notwendigen Brauch, gangbaren
Tauschwerten wie Gold, Silber, Salz, Muscheln
u. s. w. inneren Wert oder Anerkennung im Um-
lauf zu verleihen, noch viel verwickelter. Die beste

wollte, ganz der Ruhe hingeben und ihre Zeit
in Müßigang verbringen, indem sie ihren Gefährten nicht nur zwänge, alle schon einge-
gangenen Verpflichtungen zu erfüllen, sondern
auch von ihm Verschreibungen zu weiterer
Arbeit, durch eigenmächtige Berechnung dessen,
was sie ihm an Nahrung vorgeschossen hat,
erpresste.

35. Bei diesem Abkommen brauchte von An-
fang bis zu Ende nicht die geringste Rechtswidrig-
keit (im gewöhnlichen Sinne des Wortes) mit zu
unterlaufen. Käme aber jetzt, in dieser so weit
vorgeschrittenen Entwicklungsphase ihrer Nationalökonomie ein Fremder an die Küste, so
würde er den einen Mann im gewerblichen
Sinne reich, den andern arm finden. Er
würde vielleicht nicht wenig erstaunt sein, wenn
er sähe, dass der Eine seine Tage in Müßiggang verbringt, und der Andere für zwei arbeitet und aufs sparsamste lebt, in der Hoffnung,
in absehbarer Zeit wieder seine Unabhängigkeit
zu erlangen.

Definition des Geldes ist schließlich die, dass es
eine dokumentarische, vom Volke für gültig erklärte
und garantierte Bescheinigung dafür ist, dass man
auf Verlangen einen gewissen Teil von Arbeit
leisten oder beanspruchen kann. Die tägliche Arbeit
eines Menschen ist ein besseres Wertmaß, als irgend
ein Produkt, weil dieses niemals ein bestimmtes
Maß von Leistungsfähigkeit enthält.

Dieses Beispiel zeigt natürlich nur einen der mannigfachen Wege, die zu Ungleichheit von Besitztum zwischen den verschiedenen Personen führen, indem es den Ursprung der merkantilen Formen von Reichtum und Armut erkennen lässt. In dem vorstehenden Beispiel wäre es ebensogut möglich, dass einer der Männer zuerst absichtlich faul wäre und für die momentane Erleichterung sein Leben verpfändet hätte; oder auch, dass er sein Land schlecht bewirtschaftet hätte und dadurch gezwungen worden wäre, Zuflucht zu seinem Nachbar zu nehmen und sich nun für die gewährte Hülfe und die empfangenen Nahrungsmittel in Zukunft zu arbeiten verpflichtet hätte. Ich möchte den Leser aber bitten, dabei vor allen Dingen die Thatsache, die einer großen Zahl derartiger typischer Fälle gemein ist, zu beachten, dass nämlich die Begründung des merkantilen, in Arbeitsforderung bestehenden Reichtums in nationaler Hinsicht eine Verringerung des wirklichen Reichtums bedeutet, der in der Menge des thatsächlichen Besitzes besteht.

36. Nehmen wir ein anderes Beispiel, das mehr dem gewöhnlichen Verlauf der Handelsgeschäfte entspricht. Wir wollen diesmal annehmen, dass drei Menschen anstatt zwei die kleine isolierte Republik bilden und diese sich

zur Trennung genötigt sehen, um verschiedene,
in einiger Entfernung von einander liegende
Strecken Landes an der Küste entlang urbar
zu machen. Jede Parzelle hat eine selbständige
Produktionsweise, und jede ist mehr oder weniger auf die von den andern erzeugten Stoffe
angewiesen. Nehmen wir weiter an, der dritte
Mann übernähme, um allen dreien Zeit zu er-
sparen, einfach die Ueberführung der Waren
von einer Farm zur andern, unter der Bedingung von jeder Parzelle einen entsprechenden Teil der hin- und hergeschafften Tausch-
güter als Lohn dafür zu erhalten.

Wenn nun dieser Überbringer oder Boten-
gänger jeder Farm immer das, was sie am
nötigsten braucht, rechtzeitig von der andern
überbringt, so werden die Unternehmungen der
beiden Farmer rüstig fortschreiten, und die kleine
Gemeinde wird das größtmöglichste Resultat
an Produktion oder Reichtum erzielen. Aber
gesetzt den Fall, zwischen den Besitzern wäre
kein anderer Austausch als durch den Reise-
agenten möglich, und dieser hielte nach einiger
Zeit, nachdem er den Gang der Bewirtschaftung
der andern beobachtet hat, mit den ihm anver-
trauten Waren zurück, bis auf der einen oder
andern Seite das äußerste Bedürfnis danach
eintritt und erpresste nun von dem bedrängten
Farmer, als Preis für die Ware, alles was dieser

an anderen Produkten entbehren kann, so
würden wir bald sehen, dass er durch kluge
Ausnutzung seiner Vorteile sich selbst regelmäßig in den Besitz des größten Teils der
überschüssigen Produkte der beiden Farmen
brächte und nach einigen Jahren der Mühe und
Entbehrung beide Farmen für sich erwerben
und die früheren Besitzer hinfort als seine Arbeiter oder Bediensteten behalten könne.

37. In diesem Falle nun wäre der kaufmännische Reichtum genau nach den Prinzipien
der modernen Nationalökonomie erworben. Aber
an diesem Beispiel zeigt sich noch deutlicher,
als an dem vorigen, dass der Reichtum des
Staates oder der drei hier als Gesellschaft be-
trachteten Personen, zusammen genommen geringer ist, als er es sein würde, wenn der
Händler sich mit rechtmäßigem Profit begnügt
hätte. Die Unternehmungen der beiden Land-
wirte sind bis aufs äußerste eingeschränkt
worden, und die fortwährende Beschränkung
der Zufuhr von Dingen, die sie in kritischen
Zeiten nötig hatten, vereint mit dem Mangel
an Unternehmungsgeist, der die schließliche
Folge eines Kampfes sein muss, der nur noch
allein um's Dasein und ohne jede Aussicht
auf dauernden Gewinn geführt wird, müssen
die wirklichen Arbeitserfolge ernstlich verringert
haben. Dabei sind die vom Händler aufge-

speicherten Vorräte durchaus nicht gleichwertig
mit denen, die bei redlichem Handeln seinerseits sowohl die Speicher der Farmer als
seinen eigenen füllen würden. Zieht man daher bei dieser ganzen Frage nicht
nur den persönlichen Vorteil, sondern auch die
Quantität des nationalen Reichtums in Betracht,
so löst sie sich schließlich in eine allgemeine
Rechtsfrage auf. Es ist unmöglich bei einem
bestimmten Maße erworbenen Reichtums, aus
der bloßen Thatsache seines Vorhandenseins
zu entscheiden, ob er Nutzen oder Schaden
für die Nation, in deren Mitte er vorhanden ist,
bedeutet. Sein wirklicher Wert hängt von der
damit verbundenen moralischen Bedeutung ab,
genau so wie der wirkliche Wert einer mathe-
matischen Größe von den damit verbundenen
algebraischen Zeichen abhängt. Eine bestimmte
Ansammlung kommerzieller Reichtümer kann
einerseits ein Beweis wahrer Betriebsamkeit,
zunehmender Kraft und produktiven Scharfsinns
sein, oder andrerseits ein Beweis irdischer
Schwelgerei, unbarmherziger Tyrannei und ver-
derblicher Hinterlist. Manche Schätze sind
durch Thränen, wie eine schlecht eingebrachte
Ernte von unzeitigem Regen, beschwert, und
manches Gold glänzt in der Sonne heller, als
es wirklich ist.

38. Dies sind, wohlverstanden, nicht nur rein

moralische oder ideelle Attribute des Reichtums, die der nach ihm Strebende nach Belieben
missachten kann; sie sind vielmehr buchstäblich durchaus materielle Eigenschaften des
Reichtums, indem sie den Münzwert der in
Frage stehenden Summe in unberechenbarer
Weise erhöhen oder herabsetzen. Eine Geld-
summe ist die Verkörperung einer Handlung,
die zehnmal so viel vernichtet, als sie geschaffen hat. So und soviele starke Hände sind
dadurch unthätig geworden, als wären sie durch
Nachtschatten in Lähmung versetzt, — so man-
chen starken Mannes Schaffensgeist ist gebrochen, so manches produktive Unternehmen
verhindert. Dies und die falsche Richtung der
Arbeit, das güldene Götzenbild, das im Thal
Dura aufgerichtet ist, muss in den sieben-
mal geheizten feurigen Ofen geworfen werden.*
Der scheinbare Reichtum ist in Wahrheit nichts
als der vergoldete Beweis weit verbreiteten Verderbens; eines Gescheiterten handvoll Gold,
gesammelt an dem Strande, an dem er ein
Kauffahrteischiff betrogen hat; das Bündel
Lumpen einer Schlachtfeldhyäne, das braven,
gefallenen Soldaten vom Leibe gerissen ist,
Erwerbsstücke vom Töpferacker, auf dem Bür-
ger und Pilger gemeinsam begraben werden.**
Daher ist der Wahn, dass Direktiven zur

---

* Daniel 3.   ** (Mathäus 27. 7.)

Gewinnung von Reichtum, ohne Rücksicht auf die
moralischen Beweggründe gegeben werden
könnten, oder dass irgend eine allgemeine tech-
nische Regel für Erwerb und Gewinn zum nationalen Gebrauch aufgestellt werden könnte,
wohl der überraschendste und thörichste Selbst-
betrug, mit dem sich die Menschheit jemals
über ihre Laster hinweg getäuscht hat. Soviel
mir bewusst, enthält keine historische Über-
lieferung so viel Schmachvolles für den menschlichen Verstand, als der moderne Wahn, dass
der Handelsgrundsatz „Kaufe auf dem billigsten Markte und verkaufe auf dem teuersten,"
einen annehmbaren Grundsatz der Volkswirtschaft enthält, oder unter Umständen enthalten
dürfe.

Kaufe auf dem billigsten Markt ein! — Gut,
aber was macht den Markt billig? Holzkohle
wird nach einem Brande, zwischen den ver-
kohlten Dachsparren billig sein, und Backsteine
nach einem Erdbeben, auf der Straße; aber
Feuer und Erdbeben bedeuten deshalb doch
wohl noch keinen nationalen Gewinn? Verkaufe auf dem teuersten Markt! — Gut, aber
welcher Markt ist teuer? Du hast heute dein
Brot gut verkauft; verkauftest du es an einen
Sterbenden, der sein letztes Geldstück dafür
hingab und nie mehr Brot brauchen wird, oder
an einen Reichen, der vielleicht morgen dein

Haus hinter deinem Rücken an sich bringen
wird, oder an einen Soldaten auf seinem Wege
zur Plünderung der Bank, auf welcher du dein
Vermögen stehen hast? Nichts von alledem
kannst du wissen. Nur eins weißt du, nämlich ob dein Handeln redlich und pflichttreu
ist, und das ist das einzige, worauf du zu
achten hast. Dann nur bist du sicher, deinen
Teil dazu beigetragen zu haben, auf Erden
schließlich solchen Zustand hervorzurufen, der
nicht mit Plünderung oder Verderben endet.
Und so lösen sich schließlich alle mit diesen
Dingen zusammenhängenden Fragen in die bedeutsame Frage der Gerechtigkeit auf, zu der
ich, da der Boden nun dafür bereitet ist, im
nächsten Artikel übergehen möchte, indem ich
dem Leser hier zum Schluß nur noch drei
Punkte zu erwägen gebe.

39. Ich habe gezeigt, dass der Hauptwert
und die Hauptkraft des Geldes in der damit
verbundenen Macht über die Menschen liegt,
dass ohne diese Macht, große materielle Besitztümer zwecklos und für einen Menschen,
der solche Macht besitzt, verhältnissmäßig nutzlos sind. Aber Macht über die Menschheit
ist auch durch andere Mittel als durch Geld
allein zu erreichen. Wie ich schon vorhin
sagte, die Macht des Geldes ist stets unvollkommen und zweifelhaft, es giebt viele Dinge,

die nicht dadurch erreicht, und andere, die nicht dadurch verhindert werden können. Wieviele Freuden giebt es doch für die Menschheit, die nicht mit Gold erkauft werden können und wieviel Treue, die nicht mit Gold aufgewogen werden kann.

Abgedroschen genug, — denkt vielleicht der Leser. — Jawohl, aber noch nicht so abgedroschen, wie ich wohl möchte, ist, dass in dieser moralischen Macht, so unerforschlich und unermesslich sie sein mag, doch genau so viel wirklicher Geldwert liegt, wie ihn die beliebtere Umlaufmünze darstellt. Eines Menschen Hand kann mit unsichtbarem Golde angefüllt sein, und eine Bewegung, ein Griff von ihr wird mehr vollbringen als ein ganzer Platzregen von Goldbarren aus der Hand eines andern. Das unsichtbare Gold braucht sich auch nicht notwendigerweise beim Austeilen zu vermindern! Die Nationalökonomen werden gut thun, das in Betracht zu ziehen, obwohl sie es nicht in Zahlen ausdrücken können.

Aber weiter. Das Wesen des Reichtums besteht also in der Macht, die man dadurch über Menschen erhält; wenn nun diese Macht bei dem sichtbaren oder scheinbaren Reichtum fehlt, so hört auch sein Wesen auf, und er ist thatsächlich überhaupt kein Reichtum mehr. Seit kurzem scheint es in England nicht gerade

so, als ob unsere Herrschaft den Massen gegenüber eine unbedingte wäre. Die Dienstboten
verraten einige Anlage dazu, aufrührerisch zu
werden, in der Meinung, dass ihr Lohn nicht
regelmäßig bezahlt werde. Wir können dem
Herrn, bei dem das alle Augenblicke in seinem
Hause vorkommt, nichts Gutes für sein Eigentum weissagen.

So scheint die Macht unseres Reichtums
nicht nur hinsichtlich der Lebensansprüche der
Dienstboten, sondern auch in Bezug auf ihr
Ruhigverhalten, Einschränkungen unterworfen
zu sein. Ist das Küchenpersonal schlecht ge-
kleidet, schmutzig, verkommen, so kann man
nicht umhin, anzunehmen, dass der Reichtum
des betreffenden Hauses nur sehr theoretischer
und äußerlicher Art sein muss.

40. Weil das Wesen des Reichtums in der
Macht über die Menschen besteht, sollte man
nicht daraus schließen, dass dieser selbst um so
größer sein muss, je größer und angesehener die
Zahl der Personen ist, über die er Macht hat?
Nach längerer Erwägung kann es sogar so
scheinen, als ob die Personen selbst den Reichtum ausmachen — und als ob die Goldstücke,
mit denen wir sie zu gängeln gewöhnt sind,
thatsächlich nichts weiter als eine Art byzantinischen, herrlich glitzernden und recht bar-
barisch aussehenden Zaumzeuges oder Ohren-

schmuckes sind, vermittelst deren wir die
Lasttiere anschirren; dass aber diese näm-
lichen Lasttiere, wenn sie ohne das Drückende
und Klingelnde des byzantinischen Schmuckes
an Mäulern und Ohren geleitet werden könnten,
selbst wertvoller als ihr Zaumzeug sein würden.
Es muß schließlich erkannt werden, dass die
wahren Reichtumsadern von Purpurfarbe sind
und nicht im Gestein, sondern im Fleisch
gefunden werden, — vielleicht wird dann sogar erkannt, dass das Schlussergebnis und
letzte Ziel alles Reichtums in der größtmög-
lichen Hervorbringung breitbrüstiger, kläräugi-
ger und frohgemuter menschlicher Wesen besteht. Unser moderner Reichtum hat, glaube
ich, eine ganz andere Tendenz. Die meisten
Nationalökonomen scheinen das Wachstum der
Menschenmassen als nicht förderlich für den
Reichtum anzusehen, oder förderlich nur wenn
die Massen in mattäugigem, engbrüstigem Zustande verbleiben.

41. Nichtsdestoweniger wiederhole ich, dass
es eine noch offene, sehr ernste Frage ist, die
ich den Leser reiflich zu überlegen bitte, ob
nicht unter den nationalen Erzeugnissen sich
Menschen von guter Beschaffenheit schließlich
als ganz hervorragend nützlich erweisen würden?
Ja, ich kann mir sogar vorstellen, dass England einmal, in ferner, noch ungeahnter Zeit

alle Gedanken an einen auf Eigenbesitz fußen-
den Reichtum den barbarischen Völkern, von
denen sie stammen, überlässt, und dass
schließlich, während die Diamanten von Gol-
conda noch die Schabracken der Kriegsrosse
beschweren und auf dem Turban des Slaven
funkeln mögen, England als Christenmutter
zu den Tugenden und Schätzen jener bekannten heidnischen Mutter gelangt, die ihre
Söhne mit den Worten vorzuführen vermag:

„Dies sind meine Juwelen.“

QUI JUDICATIS TERRAM

42. Einige Jahrhunderte vor der christlichen
Aera hinterließ ein jüdischer Kaufmann, der
mit der Goldküste in ausgedehnten Handelsbe-
ziehungen stand, und von dem erzählt wird,
dass er seiner Zeit das grösste Vermögen
besaß, der außerdem noch in dem Rufe großer
Weltweisheit stand unter seinen Geschäfts-
büchern einige allgemeine den Reichtum betreffende Leitsprüche, die sich wunderbarer-
weise bis auf den heutigen Tag erhalten haben.
Sie wurden von den Handeltreibenden des
Mittelalters, besonders aber von den Vene-
tianern sehr hoch geschätzt, ja diese gingen in
ihrer Bewunderung sogar so weit, dass sie dem
alten Juden in der Ecke eines ihrer öffentlichen
Gebäude ein Denkmal setzten. In den letzten
Jahren sind diese Schriften etwas in Ungnade
gefallen, da sie in allen ihren Einzelheiten
dem Karakter des modernen Handels wider-
streben.   Trotzdem möchte ich hier einige
Stellen daraus anführen, teils weil sie durch
ihre Neuheit den Leser vielleicht interessieren,
hauptsächlich jedoch, weil sie ihm zeigen

werden, dass es für einen praktischen und er-
werbstüchtigen Kaufmann im Bereiche der Möglichkeit liegt, die Grundsätze des während einer
erfolgreichen Laufbahn auf ehrliche, beziehungsweise auf unerlaubte Weise erworbenen Reichtums, zu unterscheiden; worauf ich
teilweise schon in den vorhergehenden Blättern
hingewiesen habe, das aber näher zu prüfen,
jetzt unsere Aufgabe sein soll.

43. Er sagt z. B. an einer Stelle: „Wer
Schätze sammelt mit Lügen, der wird fehlen,
und fallen unter die, so den Tod suchen," und
fügt an einer andern Stelle in demselben Sinne
hinzu (er besitzt die Eigentümlichkeit, seine
Ansichten auf doppelte Weise zu äußern): „Unrecht Gut hilft nicht; aber Gerechtigkeit er-
rettet vom Tode." (Sprüche Salom. 10, 2).
Diese beiden Sprüche sind bemerkenswert wegen
der darin enthaltenen Behauptung, dass der
einzige wirkliche Ausgang und das Endergebnis
eines jeden ungerechten Reichtumserwerbes der
Tod ist. Wenn wir anstatt „Lügen", lügenhafte
Anpreisung, Bekanntmachung oder lügenhafte
Reklame läsen, würden wir die Bedeutung der
Worte für den modernen Handel besser erkennen. Das „den Tod suchen" ist ein treff-
licher Ausdruck für den wirklichen Verlauf solch
mühseligen Geschäftes. Wir thun ja gewöhnlich so, als ob der Tod uns verfolge, und wir

6

die Flucht vor ihm ergriffen, aber nur in den
seltensten Fällen verhält es sich so. Für gewöhnlich maskiert er sich, putzt sich heraus
und zeigt sich in seiner ganzen Herrlichkeit,
nicht wie die Königstochter „ganz herrlich
inwendig" (Psalm 45. 14), sondern äußerlich in Kleidern von schwerem Golde. Wir
setzen ihm unser ganzes Leben hindurch eifrig
nach, er flieht und verbirgt sich vor uns.
Unser krönendes Endziel im Alter von 70 Jahren besteht darin, ihn ganz und gar zu er-
haschen, und in seiner ewigen Unerbittlich-
keit zu umfassen, — mit Gewand, Asche und
Stachel!

Weiter sagt der Kaufmann: „Wer dem Armen
Unrecht thut, dass seines Guts viel werde, der
wird auch einem Reichen geben und mangeln."
(Sprüche Salom. 22. 16) und später noch
schroffer: „Beraube den Armen nicht, ob er
wohl arm ist, und unterdrücke den Elenden
nicht im Thor. Denn der Herr wird ihre Sache
handeln und wird ihre Untertreter untertreten."
(Sprüche Salom. 22. 22 u. 23).

Dieses „Berauben des Armen, ob er wohl
arm ist" ist ganz besonders eine kaufmännische
Form von Diebstahl, die darin besteht, Vorteil
aus eines Menschen Zwangslage zu ziehen,
um von ihm Arbeit oder Waren zu wohl-
feilerem Preise zu erzwingen. Das entgegen-

gesetzte gewöhnliche Straßenräubertum, die Be-
raubung des Reichen, weil er reich ist, scheint
sich dem Gedächtnis des alten Kaufmanns
nicht so fest eingeprägt zu haben; wahrscheinlich weil die vorsichtigen Menschen es wegen
des geringeren Vorteils und der größeren damit verbundenen Gefahr seltener ausgeführt
haben.

44. Die beiden bemerkenswertesten Stellen
von tiefgehendster allgemeiner Bedeutung sind
die folgenden: „Reiche und Arme müssen untereinander sein, der Herr hat sie Alle gemacht."
(Sprüche Sal. 22. 2).

„Reiche und Arme müssen untereinander
sein, denn Gott ist ihr Licht."

„Sie müssen untereinander sein!" — buch-
stäblicher, müssen einander im Wege stehen
(obviaverunt). Das heißt, so lange die Welt
besteht, ist die Wirkung und Gegenwirkung
von Reichtum und Armut, die Begegnung der
Armen und Reichen von Angesicht zu Angesicht ein ebenso unwandelbares, notwendiges
Weltgesetz, wie das Ergießen des Stromes in's
Meer, oder das Aufeinanderplatzen der mit
Elektrizität geladenen Wolken, „denn Gott hat
sie alle gemacht." Dieser Vorgang kann nun
ebenso sanft und gerecht, wie umwälzend und
vernichtend sein, durch wilde zerstörende Flut
oder durch sanften Wellenschlag hervorgerufen

werden: in gewitterschwüler Finsternis, oder bei anhaltendem Wetterleuchten, oder sanft und gleichsam wie ein von fernher kommendes Liebesgeflüster eintreten. Und welche dieser Wirkungen eintreten wird, das hängt von beiden Teilen ab, vom Reichen wie vom Armen, denn wir wissen „Gott ist ihr Licht." In dem Geheimnis des menschlichen Daseins giebt es kein anderes Licht, bei welchem sie einander in's Auge blicken und leben können, als dieses; — ein Licht, welches in einem andern Buche, das auch Lebensregeln des Kaufmanns enthält, „die Sonne der Gerechtigkeit"* genannt wird, von der es heißt, dass sie „aufgehen soll und mit ihr das Heil unter desselbigen

---

* Genau genommen, „die Sonne der Rechtlichkeit". Das Wort „Rechtlichkeit" bezieht sich so recht eigentlich auf die Gerechtigkeit der Gesetze, der Befugnisse, zum Unterschied von „Unparteilichkeit", die sich auf die Ausübung der Gerechtigkeit bezieht. Noch weiter ausgesponnen muss Rechtlichkeit die Gerechtigkeit des Königs sein und Unparteilichkeit die des Richters, denn der König leitet und regelt alles, der Richter verteilt und entscheidet zwischen den feindlichen Parteien. (Daher die doppelte Frage: „Mensch, wer hat dich über uns gesetzt zum Obersten und Richter+ δικαστὴς — μεριστὴς?") So stammt die Gerechtigkeit der Wahl (Auswahl, die schwächere, passivere Gerechtigkeit) von lego, — lex, legal, loi und loyal; und die Gerechtigkeit der Herrschaft (Führung, die stärkere und aktive Gerechtigkeit) von rego, — rex, regal, roi und royal. + Apostelg. 7. 27.

Flügeln" (Wiederherstellung der Gesundheit oder Hülfe) (Maleachi 4. 2), und wahrlich dieses Heil ist nur mit Hülfe der Gerechtigkeit möglich. Keine Liebe, kein Glaube, keine Hoffnung kann es uns bringen, die Menschen werden thöricht lieben, vergeblich glauben — wenn sie nicht vor allen Dingen Rechtschaffenheit besitzen. Und der eine große Fehler, den die besten Menschen von Geschlecht zu Geschlecht immer wieder begangen haben, ist der, dass sie geglaubt haben, den Armen durch Almosen, durch Predigen von Geduld und Hoffnung und durch alle möglichen andern besänftigenden und tröstenden Mittel helfen zu können, und dass sie es nur mit dem einen, das Gott ihnen anbefohlen hat, mit der Gerechtigkeit, nie versucht haben. Aber diese Gerechtigkeit mit ihren Begleitern, Heiligkeit und Hülfe, die selbst die Besten zu Zeiten der Versuchung verleugnen, wird von der Menge geradezu gehasst, wo sie sich auch zeigt; so dass die Menge, eines Tages vor diese Wahl gestellt, den Heiligen und Gerechten* verleugnete und bat, dass man ihr den Mörder, Aufrührer und Räuber schenkte. (Apostelg. 3. 14) — den Mörder an Stelle des Herrn über Leben und Tod, den Aufrührer an Stelle

---

* An einer andern Stelle desselben Sinnes steht „den Gerechten und Seligmachenden".

des Friedensfürsten, und den Räuber an
Stelle des gerechtesten Richters der ganzen
Welt!

45. Ich habe vorhin das Bild vom Ergießen
des Stromes ins Meer gebraucht und eine der
Wirkungen des Reichtums damit verglichen.
In gewisser Hinsicht trifft das Bild nicht nur
teilweise, sondern ganz zu: der Volkswirt
dünkt sich sehr weise, weil er entdeckt hat,
dass Reichtum oder Besitz im allgemeinen
immer dahin fließt, wo er erstrebt wird; dass
wo Nachfrage ist, Angebot erfolgen muss. Er
erklärt ferner, dass dieser Weg von Nachfrage
und Angebot durch Menschengesetze nicht
verboten werden kann. Genau in demselben
Sinne fließen die Wasser der Erde dahin, wo
sie begehrt werden. Wo das Land abfällt,
dahin fiießt das Wasser. Der Zug der Wolken,
der Lauf der Flüsse kann durch des Menschen
Wille nicht verhindert werden, aber wohl kann
ihr Lauf durch dessen Nachdenken geregelt
und verändert werden. Ob der Strom Fluch
oder Segen mit sich führt, das hängt von des
Menschen Arbeit und seiner darüber wachenden Klugheit ab. Jahrhunderte über Jahrhunderte sind auf Erden große Strecken
fruchtbaren Landes, unter günstigen klima-
tischen Verhältnissen, durch die Wildheit der
eigenen Flüsse verwüstet worden, und nicht

nur verwüstet, sondern auch noch durchseucht.
Derselbe Strom, dessen Lauf richtig geleitet,
Acker auf Acker wohlthätig bewässert, die Luft
gereinigt, Mensch und Vieh ernährt und auf
seinem Rücken Lasten für sie getragen hätte,
überschwemmte so die Ebenen und vergiftete
die Luft; sein Athem war Pestilenz, sein Werk
war Hungersnot. Auf gleiche Weise „fließt auch
der Reichtum dahin, wo er begehrt wird".
Kein Gesetz des Menschen kann seinen Lauf
verhindern, es kann ihn nur leiten. Das kann
aber durch einschränkende Dämme und Ab-
zugsgräben auf so gründliche Weise geschehen,
dass Reichtum zu „lebendigem Wasser" werden
muss (Offenb. Joh. 21. 6) — zu dem Reichtum, den die Weisheit* in Händen hält. Überlässt man ihn aber seinem ungezügelten Lauf,
so wird schließlich, wie es nur zu oft geschehen ist, die entsetzlichste Landplage daraus:
Wasser vom Marah, das die Wurzeln alles
Bösen speist (2. Mose 15. 23).

Die Notwendigkeit dieser Verteilungs- und
Einschränkungsgesetze wird sonderbarerweise
von dem Durchschnitt der Nationalökonomen
bei der Erklärung ihrer eigenen Wisssenschaft
übersehen. Sie nennen sie kurz „die Wissenschaft des Reichwerdens". Es giebt aber viele

---

* Langes Leben ist zu ihrer rechten Hand, zu ihrer
linken ist Reichtum und Ehre (Sprüche Salom. 3. 16).

Wissenschaften und viele Künste des Reichwerdens. Hochstehende Persönlichkeiten zu
vergiften war z. B. eine im Mittelalter weit-
verbreitete Art, die Nahrungsmittel der Leute
niederen Standes zu fälschen ist eine jetzt
recht gebräuchliche Kunst. Die alte und an-
gesehene Hochlandsmethode des Schutz- und
Lösegelds an die Raubritter, das moderne aber
wenig ehrenhafte System, Waren auf Kredit
zu nehmen und all die andern, verschiedent-
lich verbesserten und „genehmigten" Methoden,
die wir bei der höheren und niederen Industrie
finden, bis herunter zu den höchst kunstge-
rechten Taschendiebereien, die verdanken wir
dem modernen Geiste. Sie alle gehören zum
Kapitel der Wissenschaften oder Künste des
Reichwerdens.

46. Demnach ist es wohl klar, dass der
Volkswirt, wenn er seine Wissenschaft die
Wissenschaft des Reichwerdens par excellence
nennt, einige wesentliche Einschränkungen damit verbinden muss. Ich hoffe, ich thue ihm
nicht Unrecht, wenn ich annehme, dass er
meint, s e i n e Wissenschaft sei die des Reichwerdens mit gesetzmäßigen oder gerechten Mitteln. — Soll nun bei dieser Definition das Bei-
wort „g e r e c h t" oder „gesetzmäßig" endgültig
stehen bleiben? Unter gewissen Herrschern,
oder bei gewissen Nationen oder mit Hülfe

gewisser Advokaten kann es möglich sein,
dass ein Verfahren wohl „gesetzmäßig" aber
durchaus nicht gerecht ist. Wenn wir also
nur das Wort „gerecht" an jener Stelle der
Erklärung stehen lassen, wird dieses kleine
Wort, wenn es allein dort steht, einen ge-
waltigen Unterschied in der Lehre unserer
Wissenschaft hervorbringen. Dann folgert
daraus, dass um auf wissenschaftliche Weise
reich zu werden, wir es auf gerechte Weise
werden und daher auch wissen müssen, was
gerecht ist. Unsere Ökonomie würde dann
nicht länger mehr von der Klugheit oder
prudentia abhängen, sondern von der Juris-
prudentia und zwar von göttlichen, nicht
von Menschensatzungen. Und diese Erkenntnis
ist wahrlich nicht gering zu achten, da sie
hoch in den himmlischen Höhen schweben
und ewig das Licht, das die Sonne der Gerechtigkeit verbreitet, schauen wird. Deshalb
sind auch die Seelen, die diese Klugheit
erkannten, als ewig unveränderliche Himmels-
sterne in der Gestalt von Adleraugen dar-
gestellt.

Haben sie doch im Leben schon das Licht
von der Finsternis unterschieden und sind für
die ganze Menschheit wie das Augenlicht gewesen! Jene Seelen aber, welche die Flügel
des Vogels bilden (der der Gerechtigkeit zu

Macht und Herrschaft verhilft, denn „Heil ist
in desselbigen Flügel") folgen auch im Lichte
dem göttlichen Gebote: „Diligite justitiam qui
judicatis terram." „Ihr, die ihr auf Erden richtet, strebt in eifriger Liebe (beachte wohl, nicht
blos in Liebe, sondern in eifriger Liebe) nach
Gerechtigkeit." Eifrige Liebe aber ist die Liebe,
die auswählt und alles andere bei Seite lässt.
Solches Richten und Rechtgeben wird je nach
Fähigkeit und Stellung nicht nur von den Rich-
tern und Herrschern gefordert, sondern von
allen Menschen.* Eine Wahrheit, die leider
selbst diejenigen außer Acht lassen, die andrerseits sofort bereit sind, Aussprüche auf sich
zu beziehen, in denen Christen als „Heilige"
(z. B. bei hülfreichen oder heilsamen Dienst-

---

* Ich habe gehört, dass verschiedene Juristen sich
höchlichst über die Behauptung in dem ersten dieser
Artikel, dass es einem Rechtsgelehrten obliege, Gerechtigkeit zu üben, ergötzt haben. Ich sagte es
nicht zum Scherz, nichtsdestoweniger kann aus der
Stelle oben ersehen werden, dass weder die gerechte
Entscheidung noch die Ausübung der Gerechtigkeit
als nur dem Rechtsgelehrten zukommende Pflichten
angesehen werden. Je mehr nun unsere bestehenden Körperschaften, seien es Soldaten, Prediger oder
Gesetzgeber (das Wort „Prediger" umfasst überhaupt
alle Lehrer, und das Stammwort „Rechtsgelehrter" sowohl die Geber als die Ausleger der Gesetze) durch
nationalen Heroismus, oder nationale Einsicht und
Rechtschaffenheit ersetzt werden können, desto
besser dürfte es um die Nation stehen.

leistungen) oder als „auserwählte Könige"
(z. B. bei Handlungen weiser oder leitender
Natur) bezeichnet werden, denn die wahre Bedeutung dieser Titel ist schon lange dadurch
verloren gegangen, dass unfähige und lieblose
Personen Anspruch auf Heiligkeit und königliche Würde erhoben haben; und nicht minder durch die einstmals allgemeine Ansicht,
dass beide, Heiligkeit und königliche Würde,
mit dem Tragen langer Gewänder und Kronen,
anstatt mit Barmherzigkeit und Gerechtigkeit
zusammenhingen, während doch alle wahre
Heiligkeit seligmachende Kraft, und jede königliche Würde Herrscherkraft bedeutet. Ungerechtigkeit aber ist ein Teil der Verneinung
jener Kraft, „sie lässet die Menschen gehen wie
Fische im Meer, wie Gewürm, das keinen
Herrn hat". (Habakuk 1, 14.)*
47. Unbedingte Gerechtigkeit ist thatsächlich
ebenso unerreichbar wie unbedingte Wahrheit;
aber der rechtlich denkende Mensch unterscheidet sich vom unrechtlich denkenden durch
seine Hoffnung auf Gerechtigkeit, sein Verlangen danach; ebenso wie der aufrichtig denkende vom falschen dadurch, dass seine Hoff-

---

* Das Vorrecht der Fische, wie der Ratten und Wölfe
ist es, nach den Gesetzen von Angebot und Nachfrage zu leben, das der Menschheit, nach denen
des Rechtes zu leben.

nung und sein Verlangen sich auf die Wahrheit
richtet. Und obwohl unbedingte Gerechtigkeit
nicht erreicht werden kann, so können sich
doch alle diejenigen, die danach streben, soviel
Gerechtigkeit wie zum täglichen Gebrauch
notwendig ist, aneignen.

Wir müssen also vorerst prüfen, welches die
gerechten Gesetze hinsichtlich des Arbeitslohnes sind, denn sie nehmen wahrlich keinen
kleinen Platz in den Grundlagen alles Rechtes
ein.

Im vorigen Aufsatz führte ich den Geldlohn
auf seine ursprünglichsten oder einfachsten
Formen zurück. Jene Formen können uns am
besten über das Wesen und die Bedingungen,
die zur Gerechtigkeit erforderlich sind, auf-
klären.

Geldlöhnung besteht ursprünglich in dem
einer für uns arbeitenden Person gegebenen
Versprechen, ihr ebenso viel Zeit und Arbeit,
als sie heute für uns verwendet, in späterer
Zeit, wenn sie deren bedarf, zur Verfügung
stellen zu wollen.*

---

* Es könnte auf den ersten Blick so scheinen, als
ob der Marktpreis der Arbeit solchen Austausch er-
zwänge, aber das ist ein Trugschluss; denn der Marktpreis ist der augenblickliche Preis für die Art der
verlangten Arbeit, während der gerechte Preis der
Nutzwert der produktiven Arbeit der Menschheit
ist. Dieser Unterschied wird seiner Zeit analysiert

Wenn wir uns ihm zu weniger Arbeit ver-
pflichten als er uns geleistet hat, so bezahlen
wir ihn zu niedrig. Leisten wir ihm dagegen
mehr Arbeit als er uns, so bezahlen wir ihn
zu hoch. Wenn den Gesetzen von Angebot
und Nachfrage entsprechend, in der Praxis zwei
Menschen bereit sind, die Arbeit zu thun, und
nur einer da ist, der Gebrauch von ihrer Arbeit machen kann, so unterbieten sich die beiden gegenseitig, und der, dem sie zugeteilt
wird, wird zu niedrig bezahlt. Giebt es aber
zwei Menschen, die die Arbeit gethan haben
wollen, und nur einer findet sich, der sie thun
will, so werden die beiden einander überbieten,
und der Arbeiter wird zu hoch bezahlt.

48. Ich werde diese zwei Punkte der Ungerechtigkeit später näher untersuchen, aber vorerst möchte ich dem Leser das Hauptprinzip
eines richtigen und gerechten Zahlungsausgleichs
zwischen Beiden deutlich machen. Wenn wir
von einem Menschen eine Dienstleistung ver-

---

werden. Weiter muss beachtet werden, dass ich
hier nur von dem Austauschwert der Arbeit und
nicht von dem der Gebrauchswaren spreche.
Der Austauschwert einer Gebrauchsware ist der
Wert, der zu ihrer Erzeugung erforderlichen Arbeit,
multipliziert mit der Größe ihrer Nachfrage. Wenn
der Wert einer Arbeit gleich x ist und die Größe
der Nachfrage gleich y, so ist der Austauschwert
der Ware gleich xy. Wenn nun x gleich 0 und y
gleich 0 ist, so ist auch xy gleich 0.

langen, so thut er sie entweder freiwillig, oder
er fordert Bezahlung. Die freiwillige Dienstleistung gehört nicht in unsere Betrachtung,
denn sie ist eine Sache der Neigung und nicht
des Lohnes.

Wird aber Bezahlung gefordert, und wollen
wir absolute Gleichheit walten lassen, so kann
augenscheinlich diese nur dadurch erreicht
werden, dass wir Zeit mit Zeit, Kraft mit Kraft
und Kunstfertigkeit mit Kunstfertigkeit bezahlen.
Arbeitet jemand eine Stunde für uns, und wir
vereinbaren, dass wir als Gegenleistung nur
eine halbe Stunde für ihn zu arbeiten brauchen,
so genießen wir einen ungerechten Vorteil.
Wenn wir dagegen versprechen, eine ganze und
eine halbe Stunde für ihn zu arbeiten, so genießt
er einen ungerechten Vorteil. Die Gerechtigkeit
liegt in gleichwertigem Austausch, oder wenn
Rücksicht auf die Lage der Beteiligten genommen
werden muss, so darf das wenigstens nicht zu
Gunsten des Auftraggebers geschehen. Die
Armut eines Menschen ist ganz gewiss kein
triftiger Grund, dass ich ihm morgen weniger
als ein Pfund Brot zurückgebe, wenn er mir
heute ein ganzes Pfund gegeben hat. Auch ist
die Ungebildetheit eines Menschen kein triftiger
Grund dafür, ihm weniger Geschicklichkeit und
Sachkenntnis zukommen zu lassen, als er in
meinen Diensten verwandt hat. Wahrscheinlich

wäre es sogar recht wünschenswert oder würde
wenigstens Erkenntlichkeit verraten, wenn ich
ihm etwas mehr, als ich empfangen habe,
zurückerstattete. Augenblicklich wollen wir uns
aber nur um das Gesetz der Gerechtigkeit,
nämlich um das eines völligen und genauen
Austausches, bekümmern. — Ein Umstand nur
steht mit der Einfachheit dieser ursprünglichen
Idee gerechter Bezahlung in Widerstreit, nämlich der, insoweit die Arbeit (d. h. die richtig
geleitete) als fruchtbringender Samen zu betrachten ist und die Frucht (oder der „Zins", wie
sie genannt wird) der zuerst geleisteten Arbeit
inzwischen gediehen und in Rechnung zu stellen
ist, und zwar so, dass sie durch Zulage einer
weiteren Arbeitsleistung bei der späteren Rückzahlung ausgeglichen werden muss. — Angenommen, die Rückzahlung fände am Schluss
des Jahres oder zu irgend einer andern fest-
gesetzten Zeit statt, so könnte die ungefähre
Berechnung gemacht werden; da aber Geld-
zahlung (d. h. Rückgewähr) nicht an eine bestimmte Zeit gebunden ist, (denn es muss der
Vereinbarung mit dem Bezahlten überlassen
bleiben, ob er Das, was er erhalten hat, auf
einmal oder erst nach Jahren verbrauchen will)
können wir nur im allgemeinen zugeben, dass
der Person, die die Arbeit vorstreckt, ein kleiner,
im Verhältnis dazu stehender Vorteil gewährt

werden muss. Die typische Vereinbarung
würde also folgendermaßen lauten: Gewährst du
mir heute eine Stunde, so werde ich dir dafür bei
Bedarf eine Stunde und fünf Minuten gewähren;
giebst du mir heute ein Pfund Brot, so gebe
ich dir morgen bei Bedarf ein Pfund und 10
Gramm, und so fort. Der Leser braucht hierbei nur zu beachten, dass die Zurückerstattung
zum mindesten gleichwertig mit dem Genosse-
nen und nicht niedriger als dieses sein darf.

Der abstrakte Begriff eines gerechten, entsprechenden Lohnes in Bezug auf die Arbeiter
ist also der, dass er so hoch sein muss, dass
der Arbeiter sich dafür jederzeit wenigstens
ebenso viel Arbeitswert, als er geleistet hat,
verschaffen kann, eher mehr als weniger. Und
diese ausgleichende und gerechte Bezahlung ist
selbstverständlich vollkommen unabhängig von
der Zahl der Arbeiter, die sich zu der Arbeit
melden. Ich brauche z. B. ein Hufeisen für
mein Pferd. Zwanzig Schmiede oder auch
zwanzigtausend sind vielleicht bereit, das Pferd
zu beschlagen. Ihre Zahl hängt jedoch nicht
im mindesten zusammen mit der Frage der
rechtmäßigen Bezahlung des einen, der es
wirklich beschlägt. Es kostet diesem eine
Viertelstunde seiner Zeit und eine gewisse
Kunstfertigkeit und Körperkraft, um das Hufeisen für mich zu machen. Ich bin also ver-

pflichtet, ihm seinerzeit auf seinen gerechten Anspruch hin, eine Viertelstunde plus einiger Minuten von meiner Zeit oder der eines mir zur Verfügung stehenden Menschen zu opfern und ihm dieselbe Körperkraft und Kunstfertigkeit, die er gegebenen Falles bedarf, vielleicht noch ein wenig mehr zuzuwenden.

49. Dies ist die abstrakte Theorie von der gerechten angemessenen Bezahlung; ihre praktische Anwendung wird durch die Thatsache eingeschränkt, dass der Brauch, Arbeit mit Geld zu bezahlen, allgemein ist, während es ungewöhnlich ist, Arbeit mit Arbeit zu vergelten. Das bare Geld ist, praktisch betrachtet, eine Forderung an die Gesellschaft auf Arbeit jedweder Art. Dadurch aber, dass es bei plötzlichem Bedarf jederzeit verwendet werden kann, ist es soviel wertvoller, wie es die Bezahlung durch Arbeit nie sein kann, so dass eine geringe Menge dieses gewöhnlichen Zahlungsmittels (Geld) immer als gleichwertig mit einer größeren Menge des ungewöhnlichen Zahlungsmittels (Arbeit) angesehen werden wird. Jeder beliebige Handwerker wird gewiss bereitwillig eine Stunde seiner Arbeitszeit geben um dafür nur eine halbe Stunde oder eine noch geringere gewöhnliche Gegenleistung (Geld) zu empfangen. Diese Quelle der Wertschwankung vereint mit der Schwierigkeit, den Geldwert einer Kunst-

fertigkeit* zu bestimmen, machen die Fest-

---

* Unter dem Ausdruck „Kunstfertigkeit" verstehe
ich die vereinigten Kräfte der Erfahrung, des Intel-
lektes und der Empfindung, hinsichtlich ihrer Wirkung auf die Handarbeit; und unter dem Ausdruck
„Empfindung" die ganze Reihe der sittlichen Regungen, beginnend mit der schlichten Geduld und Sanft-
mut, die dem, der sie besitzt, Beständigkeit und
Willigkeit verleihen und ihn befähigen, ohne zu er-
müden, zweimal so lange zu arbeiten, als ein anderer,
und eben so gut, — bis hinauf zu den Karakter-
eigenschaften, die unsere Wissenschaft überhaupt
möglich machen (das Hindernis, dass der Wissenschaft in der Missgunst erwächst bedeutet einen der
ungeheuersten Verluste in der Ökonomie dieses
Jahrhunderts) und zu den unübertragbaren, geheimen
Regungen der Einbildungskraft, den ersten und
mächtigsten Quellen alles künstlerischen Wertes.
Es ist höchst sonderbar, dass die Nationalökonomen, wenn auch nicht die Moral, so doch wenigstens
das Element persönlicher Neigung als eine unbe-
stimmbare Größe bei jeder Berechnung bisher übersehen haben. Ich kann zum Beispiel nicht begreifen,
wie es möglich sein konnte, dass Mr. Mill, der den
richtigen Faden so weit verfolgte, dass er schrieb —
„die Bedeutung des bloßen Gedankens — sogar vom
rein produktiven und materiellen Gesichtspunkt aus
ist ohne Grenzen" — nicht eingesehen hat, dass er,
um logisch zu sein, unbedingt hätte hinzufügen
müssen: „und die Bedeutung des bloßen Gefühls".
Dies um so mehr, da er in der vorhergehenden
Definition der Arbeit, „alle Gefühle unangenehmer
Art im Zusammenhang mit den auf eine besondere
Beschäftigung gerichteten Gedanken eines Menschen", begrifflich mit eingeschlossen hat. Ganz
schön, aber warum nicht auch „Gefühle angenehmer
Art?" Man kann doch nicht annehmen, dass die

setzung (selbst die nur annähernde) der eigentlichen Löhne in barer Münze für die betreffende Arbeit zu einer außerordentlich schwierigen Aufgabe. Sie berühren aber nicht die Prinzipien des Austausches. Der Wert der Arbeit ist gewiss nicht leicht zu bestimmen, aber sie hat ebenso sicher einen bestimmten Wert, wie eine Substanz ganz spezifische Schwere hat, obwohl diese, wenn die Substanz mit andern verbunden ist, nicht leicht festzustellen ist. Diese Feststellung ist aber doch nicht so vielen Schwierigkeiten und Zufälligkeiten unterworfen, wie die Bestimmung der

---

der Arbeit hinderlichen Gefühle in höherem Grade ein Teil der Arbeit sind, als diejenigen, die sie fördern? Jene werden als Mühe bezahlt, diese als Kraft. Der Arbeiter wird für jene nur entschädigt, aber auch diese bringen einen Teil des Tauschwertes der Arbeit hervor und vergrößern in materieller Hinsicht seinen Umfang. „Der alte Fritz ist bei uns. Er allein ist 50000 Mann wert." Wahrlich ein großer Zusatz zu der materiellen Stärke, dessen Wert aber, wie gesagt, nicht nur in den Unternehmungen, die dem Kopf des alten Fritz entsprungen sind, besteht, sondern in gleichem Maße auch in den Wirkungen, die diese im Herzen seiner Armee hervorbringen. „Die Bedeutung des bloßen Gedankens ist ohne Grenzen". Wohl möglich! Wenn es sich nun eines schönen Tages herausstellte, dass der bloße Gedanke an sich ein empfehlenswerter Gegenstand der Produktion wäre, und dass alle materielle Produktion nur ein Schritt vorwärts zu der viel höher stehenden, unmateriellen wäre?

7*

allgemeinen Maximal- und Minimal-Werte der gewöhnlichen Nationalökonomie. In seltenen Fällen wird der Käufer auch nur mit annähernder Sicherheit wissen können, ob der Verkäufer etwa weniger für das Gekaufte genommen haben würde, und umgekehrt kann der Verkäufer sich nur in dem tröstlichen Glauben wiegen, dass der Käufer nicht mehr dafür bezahlt haben würde. Diese Unmöglichkeit der genauen Kenntnis hindert aber weder das beliebte Streben nach möglichster Bedrückung und Benachteiligung des Andern, noch die Aufstellung des wissenschaftlichen Grundsatzes, dass man so billig wie möglich einkaufen und so teuer wie möglich verkaufen müsse, wenn man auch keine Ahnung weder von dem wirklichen niedrigsten noch höchsten Werte hat. — In gleicher Weise stellt ein rechtlich denkender Mensch als wissenschaftliches Prinzip auf, dass man einen rechtmäßigen Preis bezahlen müsse, und wenn er auch nicht im Stande ist die Grenzen solchen Preises genau zu bestimmen, so wird er doch danach streben, sich ihnen möglichst zu nähern. Eine dem praktischen Zwecke genügende Annäherung kann er erreichen. Wissenschaftlich ist leichter festzustellen, was Jemand für seine Arbeit bekommen müsste, als das, was seine Bedürfnisse ihn zwingen dafür zu fordern. Seine Bedürfnisse lassen

sich nur erfahrungsgemäß, sein rechtlicher
Anteil aber durch Untersuchung und Nach-
forschung bestimmen. In dem einen Fall
probierst du an dem Exempel herum wie ein
unbeholfener Schuljunge — bis du eine Summe
findest, die stimmt; in dem andern Fall stellst
du das Ergebnis innerhalb bestimmter Grenzen
durch Berechnung fest.

50. Wir wollen annehmen, der rechtmäßige
Lohn für eine bestimmte Arbeitsleistung wäre
festgesetzt, und wollen nun die demnächstigen
Ergebnisse der gerechten oder ungerechten
Bezahlung, die zu Gunsten des Käufers oder
Arbeitgebers daraus hervorgehen, prüfen: zum
Beispiel in dem Fall, dass zwei Leute zur
Arbeit bereit sind, und nur einer von ihnen
gebraucht wird.

Der unredliche Arbeitgeber zwingt die Beiden
sich gegenseitig zu unterbieten, bis er ihr
Angebot auf den niedrigsten Preis herabge-
drückt hat. Nehmen wir an, der niedrigst
Fordernde biete seine Arbeit für die Hälfte
des rechtmäßigen Preises an.

Der Arbeitgeber stellt ihn an und den Andern nicht. Die nächstliegende, augenschein-
liche Folge davon ist, dass einer der Beiden
ohne Stellung und der Not preisgegeben ist;
bei gerechter Handlungsweise, den besten
Arbeiter angemessen zu bezahlen, würde

es sich aber natürlich genau ebenso verhalten. Die verschiedenen Schriftsteller, die sich bemüht haben, die Grundlagen meiner ersten Blätter als unhaltbar darzustellen, sahen dies niemals ein und nahmen stets an, dass der unredliche Arbeitgeber beide Leute angestellt hätte. Er thut das aber ebenso wenig wie der redliche. Der einzige anfängliche Unterschied ist der, dass der gerecht Handelnde die Arbeit der einzelnen Person angemessen, und der ungerecht Handelnde sie ungenügend bezahlt.

Ich sage „anfänglich", denn dieser erste, scheinbare Unterschied ist nicht der wirkliche. Durch die ungerechte Handlungsweise bleibt die Hälfte des eigentlichen Arbeitslohnes in den Händen des Auftraggebers. Dies setzt ihn in den Stand, noch einen andern Menschen zu derselben ungerechten Taxe zu irgend einer andern Arbeit anzustellen, und das Endresultat ist, dass zwei Leute für ihn für halben Lohn arbeiten und zwei andere ohne Arbeit sind!

51. Bei der gerechten Handlungsweise fließt der ganze Lohn für die zuerst vergebene Arbeit in die Hände des angestellten Arbeiters. Der Arbeitgeber behält keinen Überschuss, mit dem er einen andern Arbeiter für eine weitere Arbeit einstellen könnte. Genau in demselben Maße, wie seine Macht sich verringert hat, ist

die Macht des Angestellten gewachsen; das heißt, durch den Zuschuss der zweiten Lohnhälfte, vermittelst welcher jener die Macht gewönne, noch einen andern Arbeiter in seinen Dienst zu stellen. Ich will nun einmal den ungünstigsten, wenn auch recht wahrscheinlichen Fall annehmen, nämlich, dass der Angestellte, trotzdem er selbst gerecht behandelt ist, seinerseits seine Untergebenen ungerecht behandelt, und wenn er kann zu halbem Lohne beschäftigt. Das Endergebnis würde dann sein, dass ein Mann für den Prinzipal zu gerechtem Lohnsatze arbeitet, und ein zweiter für den Angestellten zu halbem Preise, — und wiederum würden zwei, wie in dem ersten Falle, ohne Anstellung sein! Diese Zwei sind also, wie ich vorhin schon sagte, in beiden Fällen ohne Anstellung. Der Unterschied zwischen dem gerechten und dem ungerechten Verfahren liegt also nicht in der Zahl der Angestellten, sondern in dem ihnen bezahlten Lohne und in den Personen, von denen sie bezahlt werden. Der wesentlichste Unterschied, den ich dem Leser gern recht klar machen möchte, ist der, dass in dem ungerechten Falle zwei Menschen für einen, den ersten Auftraggeber arbeiten. In dem gerechten Falle arbeitet einer für den ersten Auftraggeber und einer für den Angestellten und so fort, hinauf und hinunter in den verschiedenen Dienstgraden. Diese Wirkung wird durch Gerechtigkeit fortgepflanzt und durch Ungerechtigkeit zurückgehalten. Die durchgehende und bleibende Wirkung des gerechten Verfahrens hierbei wäre daher, die Macht des Reichtums, die der Einzelne in Händen hat und über die Menschenmassen ausübt, abzuschwächen und über die ganze Kette der Menschheit zu verteilen. Die thatsächliche, durch Reichtum erzeugte Macht ist in beiden Fällen dieselbe, nur gelangt sie durch Ungerechtigkeit allein in die Hand eines Einzelnen, so dass dieser zu gleicher Zeit und mit gleicher Kraft die Arbeit eines ganzen Menschenkreises um sich herum beherrscht. Bei gerechtem Verfahren werden nur die Nächststehenden davon berührt, durch die dann in allmählicher Abstufung und durch mancherlei Gefühlsrücksichten gemäßigt, die Macht des Reichtums wieder auf Andere übergeht, bis sie sich endlich selbst erschöpft hat.

52. Die unmittelbare Wirkung der Gerechtigkeit in dieser Hinsicht besteht also darin, dass sie erstens die Macht des Reichtums zum Erwerb von Luxusgegenständen abschwächt und zweitens einen moralischen Einfluß ausübt. Der Unternehmer ist weder im Stande so vielerlei verschiedene Arbeit zu seinem eigenen Vor-

teile zusammen zu halten, noch kann er so vielerlei verschiedene Gemüter seinem eigenen Willen unterwerfen. Die mittelbare Wirkung der Gerechtigkeit ist aber nicht weniger wichtig. Die ungenügende Bezahlung einer Anzahl Menschen, die für Einen arbeiten, bereitet Jedem, der nach höherer Stellung strebt, ein Übermaß von Schwierigkeiten. Das System hat die Tendenz, das Vorwärtskommen zu hemmen. Dagegen verleiht die angemessene gerechte Bezahlung, welche sich über die sich nach unten hin verzweigenden Ämter und Dienstgrade *

* Es thut mir leid, Zeit verlieren zu müssen, indem ich, wenn auch in aller Kürze, auf die Spitzfindigkeiten der Schriftsteller antworte, welche die angeführten Beispiele von geregelter Arbeit im ersten dieser Artikel zu verdunkeln versucht haben, indem sie die verschiedenen Arten, Stufen und Quantitäten der Arbeit mit ihrer Qualität verwechselten. Ich habe niemals gefordert, ein Oberst solle dasselbe Gehalt bekommen wie ein Privatmann, oder ein Bischof wie ein Hilfsprediger. Ich habe ebenso wenig gefordert, dass größere Arbeitsleistung ebenso bezahlt werden sollte, wie geringere; (so dass der Prediger einer Gemeinde von 2000 Seelen nicht mehr bekommen würde, als der einer Gemeinde von 500 Seelen). Dagegen forderte ich, dass schlechte Arbeit, soweit sie überhaupt angenommen wird, ebenso wie gute Arbeit bezahlt werden sollte, da auch ein schlechter Geistlicher sein Gehalt, ein schlechter Arzt sein Honorar und ein schlechter Advokat seine Spesen verlangen wird. Und dies forderte ich, wie am Schluss noch weiter ersichtlich, teilweise deshalb, weil die beste Arbeit überhaupt für Geld

verteilt — jedem einzelnen Untergebenen reiche und genügende Mittel, eine höhere soziale Stufe zu erklimmen, wenn er sie dazu anwenden will. Und dadurch wird nicht nur die unmittelbare Macht des Reichtums abgeschwächt, sondern es werden auch die ärgsten Übelstände der Armut beseitigt.

53. Von diesem vitalen Problem hängt nun schließlich das ganze Schicksal des Arbeiters ab. Manche nebensächlichen Interessen mögen anscheinend damit in Widerspruch stehen, aber doch gehen alle davon aus. So entsteht z. B. oft große Erregung in den Gemütern der

---

weder jemals gemacht wurde, noch gemacht werden wird, hauptsächlich aber deshalb, weil die Menschen, sobald sie wissen, dass sie die gute und die schlechte Arbeit gleichmäßig bezahlen müssen, versuchen werden, sie von einander zu trennen, und die schlechte nicht nehmen werden. Ein scharfsinniger Literat für den „Scotsman" fragt mich, ob es mir angenehm sein würde, wenn ein gewöhnlicher Tintenkleckser von Mssrs. Smith, Elder and Co. ebenso bezahlt würde wie die guten Schriftsteller. Im Falle, dass die Herren ihn beschäftigten, sollte es mir recht sein, hingegen würde ich ihnen ernstlich raten, ihrer selbst und des Klecksers wegen, ihn nicht anzustellen! Die große Summe Geldes, die das Land gegenwärtig in Schriftstellerei anlegt, ist bei näherer Betrachtung nicht auf ökonomische Weise verbraucht, und selbst die höchst geistreiche Persönlichkeit, der diese Frage eingefallen ist, könnte sich wahrscheinlich nützlicher beschäftigen, als sie drucken zu lassen.

unteren Klassen, wenn ihnen klar wird, welchen
großen Teil ihres Lohnes sie nominell, oder
anscheinend wirklich für Steuern abgeben
müssen, (ich glaube es sind 35 oder 40 Pro-
zent). Das klingt sehr böse, aber in Wirklichkeit bezahlt sie gar nicht der Arbeiter, sondern
der Arbeitgeber. Wenn der Arbeiter sie nämlich nicht zu bezahlen hätte, so würde auch
sein Lohn um so geringer sein, und der Mitbewerb würde ihn auf die niedrigste Rate,
mit der er überhaupt sein Leben noch fristen
könnte, herabdrücken. Aus ähnlichem Grunde
haben auch die unteren Volksschichten für die
Abschaffung der Getreidezölle* agitiert, denn

---

* Ich muss mich für eine interessante Mitteilung
über den Freihandel aus Paisley erkenntlich erweisen
(für den kurzen Brief eines „Wohlmeinenden" in
..... ist mein Dank allerdings mehr Pflicht). Ich
fürchte aber beinah der Briefschreiber aus Schott-
land wird unangenehm überrascht sein, zu hören,
dass ich ein äußerst furchtloser und unbedenklicher
Freihändler bin und immer gewesen bin. Vor
sieben Jahren schon, als ich von den verschiedenen
Zeichen kindlicher Anschauung in den europäischen
Köpfen sprach (Steine von Venedig Band 3, Seite 168)
schrieb ich: „Die obersten Handelsprinzipien wurden
vor einigen Monaten von dem englischen Parlament
in seinen Freihandelbeschlüssen anerkannt, werden
aber von der großen Menge noch so wenig verstanden, dass keine Nation ihre Zollhäuser
abzuschaffen wagt." Ich muss hier einschalten,
dass mir selbst der Gedanke an Gegenseitigkeit ganz
fern liegt. Lass doch andere Nationen ganz nach

sie glauben sich besser zu stehen, wenn das
Brot billiger würde. Sie bedenken aber nicht,
dass auch der Lohn, sobald das Brot billiger

Belieben ihre Ausfuhrhäfen verschließen, jede weise
handelnde Nation wird ihre Häfen freigeben. Das
Freigeben an sich schadet nichts, nur die plötzliche,
unüberlegte und plump experimentierende Art und
Weise der Freigabe kann schädlich sein. Wenn du
einen Fabrikationszweig während einer langen Reihe
von Jahren mit Schutzzoll belegt hast, musst du
ihm deine Protektion nicht mit einem Male ent-
ziehen, denn dadurch würdest du alle damit beschäftigten Arbeiter plötzlich stellenlos machen;
ebensowenig, wie du einem verzärtelten Kinde bei
kaltem Wetter auf einmal alle schützenden Tücher
fortnehmen kannst, obwohl ihre Last seiner Gesundheit durchaus schädlich ist. Nach und nach mußt
du es an Freiheit und Luft gewöhnen. In den meisten
Köpfen herrscht noch eine wunderbare Verwirrung
betreffs des Freihandels, denn sie glauben, dass er
eine vermehrte Konkurrenz in sich schließt. Aber
Freihandel macht im Gegenteil aller Konkurrenz ein
Ende. Der „Blutzoll" (neben verschiedenen andern
nachteiligen Funktionen) bemüht sich, einem Land
dazu zu verhelfen, dass es mit einem andern bei
der Produktion eines Artikels in Mitbewerb treten
kann. Bei vollkommener Handelsfreiheit kann kein
Land bei der Produktion von denjenigen Artikeln,
für welche es besonders geeignet ist, durch Mitbewerb geschädigt werden, und ebenso wenig kann es
mit einem andern Lande, bei der Produktion von den
Artikeln, für welche dieses durch seine natürliche
Beschaffenheit geeignet ist, in Mitbewerb treten.
Toskana kann z. B. mit England nicht in Mitbewerb,
hinsichtlich der Stahlfabrikation treten und England
hinsichtlich der Ölfabrikation wiederum nicht mit

wird, in demselben Verhältnis fallen wird. Es war richtig, die Getreidezölle abzuschaffen, jedoch nicht, weil sie den Armen direkt drücken, sondern nur, weil sie dies indirekt thun und zwar dadurch, dass sie die Ursache einer großen Arbeitsleistung unproduktiver Natur sind. Ebenso drücken auch unnötige Steuern durch die Vernichtung des Kapitals. Aber in erster Linie hängt das Schicksal der Armen immer von der Frage des pflichtmäßigen Lohnes ab. Ihr Elend (abgesehen von dem durch Faulheit, kleinere Vergehen oder Verbrechen hervorgerufenem) bewegt sich auf der großen Skala der beiden rückwirkenden Kräfte der Konkurrenz und der Unterdrückung. Noch giebt es keine Übervölkerung in der Welt, und sie wird auch sobald noch nicht eintreten, dagegen zeigt sich in dem Druck, den die Konkurrenz ausübt, schon eine lokale Übervölkerung, oder genauer gesagt, ein Höhegrad der Bevölkerung, der unter den obwal-

---

Toskana. Sie müssen ihr Stahl und ihr Öl gegenseitig austauschen. Dieser Austausch müsste so frank und frei stattfinden können, als es Redlichkeit und die Seewinde zulassen. Der Mitbewerb macht sich erst dann in schroffer Weise bemerkbar, wenn er darauf ausgeht zu erproben, wer der Stärkere in einer bestimmten Fabrikation ist, die von beiden Teilen ausgeführt werden kann. Wenn dieser Punkt erst einmal geregelt ist, dann hat der Konkurrenzstreit ausgespielt.

tenden Umständen, wegen mangelnder Fürsorge
und ungenügender Organisation in lokaler
Hinsicht unberechenbar ist. Und der für den
Unternehmer aus dem Mitbewerb entspringende
Vorteil, die Arbeit unerlaubt billig zu erhalten,
bedingt zugleich das Elend des Armen wie sein
eigenes. Denn hierbei, wie bei jeder andern
Art Sklaverei, leidet der Bedrücker schließlich
mehr als der Unterdrückte und selbst die herr-
lichen Strophen von Pope bleiben, trotz aller
darin enthaltenen Kraft, noch hinter der Wahrheit zurück: —

„Yet, to be just to these poor men of pelf,
Each does but *hate his neighbour as himself:*
Damned to the mines, an equal fate betides
The slave that digs it, and the slave that hides."*

54. Die nebenhergehenden und rückwirkenden Vorteile, welche die Gerechtigkeit bei
dieser Gelegenheit hervorbringt, werde ich
später prüfen, (denn zuerst muss die Natur
des Wertes bestimmt werden); ich werde dann
zu der Erörterung darüber kommen, unter
welchen praktischen Voraussetzungen ein ge-
rechteres System aufgestellt werden kann und

---

* Sei nur dem Mamonsknechte auch gerecht:
   Er hasst den Nachbar wie sich selbst, als
                                    Knecht.
   Den Minen angekettet, ist verflucht
   Der Sklave, der es gräbt wie der — der's bucht!

endlich auch zu der bösen Frage nach dem
Geschick der stellenlosen Arbeiter.*

---

* Ich möchte vor allen Dingen, der Leser wäre sich
erst einmal so weit klar, dass er entscheiden könnte,
ob die Schwierigkeit in der Erlangung der Arbeit
oder des richtigen Lohnes liegt. Hält er die Beschäftigung an sich für einen schwer zu erreichen-
den Luxus, der zu spärlich auf der Welt vertreten
ist, oder denkt er vielmehr, dass die Menschen,
selbst beim Schwelgen im Überfluss immer unterhalten werden müssen, und dass dieser nötige
Unterhalt manchmal fehlt? Hierüber müssen wir
uns zuerst klar sein. Denn die meisten Menschen
haben die leichtfertige Angewohnheit, „von der
Schwierigkeit, eine Anstellung zu finden", zu sprechen.
Ist es nun die Anstellung, die schwer zu finden ist,
oder der Unterhalt während der Anstellung? Wollen
wir den Müßiggang oder den Hunger aus der Welt
schaffen? Diese beiden Fragen müssen nach einander
geprüft werden, nicht auf einmal. Zweifellos ist
Arbeit ein Luxus und zwar ein sehr großer. Thatsächlich ist sie zu gleicher Zeit Luxus und eine Notwendigkeit. Kein Mensch kann ohne Arbeit an Geist
und Körper gesund bleiben. Ich empfinde das so
tief, dass wie in Folgendem ersichtlich werden wird,
eine der Hauptaufgaben, die ich wohlthätigen und
praktisch thätigen Personen empfehlen möchte, darin
besteht, reiche Leute zu veranlassen, nach einer
größeren Menge dieses Luxus zu streben als sie
bis jetzt davon besitzen. Nichtsdestoweniger hat
die Erfahrung gelehrt, dass selbst dieser gesundeste
aller Genüsse bis zum Übermaß betrieben werden
kann, und dass der menschliche Körper gerade so
gut dem Ekel vor Arbeit, wie dem Ekel vor Fleisch
ausgesetzt ist. Demnach wäre es barmherzig, man-
chen Leuten weniger reichliche Diners und mehr

Damit jedoch der Leser durch einige Schluß-
folgerungen, zu denen unsere Untersuchung
hinzuneigen scheint, nicht beunruhigt wird, als
ob sie gegenüber der Macht des Kapitals eine
ähnliche Stellung wie der Sozialismus einnähme,
möchte ich ihn, in aller Kürze, nur mit einigen
der Hauptpunkte, die ich im Auge habe, bekannt machen.

Ob der Sozialismus größere Fortschritte in
der Armee und Marine (wo die Bezahlung nach
den von mir aufgestellten Prinzipien stattfindet)
oder unter den Fabrikarbeitern gemacht hat,
(die nach den entgegengesetzten Prinzipien bezahlt werden) überlasse ich den Gegnern zu
entscheiden und zu erklären. Wie nun auch
ihre Antwort ausfallen möge, so habe ich für
meine Person nur dies Eine zu sagen, dass,
wenn es in meinen Schriften irgend etwas giebt,
auf das ich immer wieder hingewiesen habe,
es der Grundsatz von der Unmöglichkeit der
Gleichheit ist. Ich habe beständig das Ziel
vor Augen gehabt, die dauernde Überlegenheit
einzelner Menschen andern gegenüber, zuweilen
sogar die eines Einzigen gegenüber allen Andern, zu zeigen; und nicht minder es als ratsam zu bezeichnen, solche Persönlichkeiten

---

Arbeit vorzusetzen, während es Andern wiederum
zuträglich sein würde, leichtere Arbeit und mehr
Mittagbrot zu bekommen.

oder solch eine Persönlichkeit zum Führer und
Leiter, nötigenfalls sogar zum Bezwinger und
Unterjocher der ihnen Unterstellten einzusetzen,
entsprechend dem ihnen verliehenen b e s s e r e m
Wissen und verständigerem Wollen. Meine
nationalökonomischen Prinzipien sind sämtlich
in einem einzigen Ausdruck, den ich vor drei
Jahren in Manchester gebraucht habe, enthalten: „Soldaten hinter der Pflugschar ebenso gut wie Soldaten mit dem Schwert,“ und
zusammengefaßt sind sie alle in einen einzigen
Satz in dem letzten Bande von „Moderne
Maler“, wo es heißt: „Regierung und Genossen-
schaft sind immer und überall die Gesetze des
Lebens; Anarchie und Konkurrenz die Gesetze
des Todes.“

Hinsichtlich der Art, wie diese allgemeinen
Prinzipien die Sicherheit des Eigentums berühren, bin ich weit davon entfernt, diese
Sicherheit beeinträchtigen zu wollen. Ledig-
lich das Streben nach ordnungsmäßiger Verteilung desselben liegt diesen Blättern zu
Grunde. Da nun schon seit langer Zeit erkannt wurde und ausgesprochen ist, dass der
Arme kein Recht auf das Eigentum des Reichen
hat, möchte ich auch erkannt und ausgesprochen
wissen, dass der Reiche ebensowenig ein Recht
auf das Eigentum des Armen hat!

55. Dass bei der Ausführung des Systems,

welches ich darzulegen unternommen habe, die
sichtbare und unmittelbare, wenn auch nicht
die verborgene und mittelbare Macht des Reichtums (als der Herrin des Genusses) wie
des Kapitals (als des Beherrschers der
Arbeit), in mancher Hinsicht abgeschwächt
wird, — leugne ich nicht. Im Gegenteil, ich
gebe es mit Freuden zu, denn ich habe erkannt, dass der Reiz des Reichtums schon zu
groß und seine Herrschaft zu mächtig für die
menschliche Vernunft geworden ist. In meinem
letzten Artikel sagte ich, dass in der Geschichte
nichts so demütigend für den menschlichen
Verstand gewesen sei, wie unsere Anerkennung
der allgemeinen Dogmen der Nationalökonomie
als einer Wissenschaft. Zu diesem Ausspruch hatte ich vielerlei Gründe, einen der
hauptsächlichsten will ich in wenigen Worten hier angeben. Ich kenne kein Beispiel
in der Geschichte, das so wie dieses den sy-
stematischen Ungehorsam einer Nation gegen
die obersten Grundsätze der von ihr aner-
kannten Religion enthält. Die Schriften, die
wir (buchstäblich) für göttlich halten, beschul-
digen nicht nur die Liebe zum Mammon als
die Wurzel alles Übels (1. Timoth. 6. 10) und
als Abgötterei, die von der Gottheit verworfen
ist, sondern sie erklären auch den Mammons-
dienst als den unvereinbaren Gegensatz zum

Gottesdienst (Matthäus 6. 24). Entweder er wird einen hassen und den andern lieben; oder er wird einem anhangen und den andern verachten. Ihr könnt nicht Gott dienen und dem Mammon. Und wo die Schrift von absolutem Reichtum oder absoluter Armut spricht, verheißt sie dem Reichen immer Wehe und dem Armen Segen.

Wir aber suchen trotzdem nach einer Wissenschaft des Reichwerdens als dem kürzesten Wege zu nationaler Wohlfahrt.

> „Tai Cristian dannerà l'Etiòpe,
> Quando si partiranno i due collegi,
> L'uno in eterno ricco, e l' altro inòpe".

AD VALOREM

56. In dem vorigen Artikel haben wir gesehen, dass gerechte Arbeitsvergütung in einer Summe Geldes besteht, für die in Zukunft annähernd gleichwertige Arbeit erlangt werden kann. Und nun liegt es uns ob, die Mittel zur Erlangung solchen Äquivalents zu erforschen. Diese Frage umfaßt die Definition des Wertes, des Reichtums, des Preises und der Gütererzeugung oder Produktion.

Keines dieser Worte ist bis jetzt so genau erklärt worden, dass es allgemein verständlich wäre. Das letzte aber, die Produktion, das man vielleicht für das verständlichste hält, ist im gewöhnlichen Gebrauch das unklarste. Prüfen wir aber die Art der Unklarheit, soweit sie sich auf die hier in Frage kommende Entstehung des Wertes bezieht, so ebnen wir uns damit am besten den Weg für unsere Aufgabe.

In seiner Abhandlung über Kapital* (I. IV. 1. 1848) führt I. S. Mill als Kapitalisten einen

---

* Anmerk. Ruskin's: Um Raum zu sparen, werden bei künftigen Hinweisen auf Mill nur die Ziffern angegeben werden, hier also (I. IV. 1. 1848).

Eisenwarenfabrikanten an, der, nachdem er
zuerst die Absicht hatte einen gewissen Teil
seines Geschäftsertrages zum Ankauf von
Silbergerät und Juwelen zu verwenden, andern
Sinnes wird, lieber seine Arbeiterzahl vergrößert und mit dem Ertragsteil „deren Lohn
bezahlt“. Als Folge solchen Verfahrens
giebt Mill an, dass „mehr Stoff auf die
Anstellung produktiver Arbeiter verwendet ist.“

57. Ich will hier nicht die Frage aufwerfen,
— obwohl man mich, wenn ich diesen Paragraphen verfasst hätte, sicherlich gefragt haben
würde „was wird nun aus den Silberarbeitern?“
Gehören sie in Wahrheit zu den unproduk-
tiven Persönlichkeiten, so wollen wir uns über
ihren Verlust hinwegsetzen, obwohl an einer
andern Stelle desselben Passus, der Eisenhänd-
ler scheinbar auch eine Anzahl Dienstboten ent-
läßt, wodurch die Kosten für deren Unterhalt
zu produktiven Zwecken freigegeben werden.
Ich will nicht fragen, wie die Wirkung auf die
Dienstboten bei der Entziehung ihres Unterhalts sein wird, ob eine traurige oder ander-
weitige, — dagegen möchte ich sehr nach-
drücklich fragen, warum Eisenwaren produktiven
Gewinn bedeuten sollen und Silberwaren nicht?
Darin, dass der Kaufmann die einen verbraucht
und die andern verkauft, besteht gewiß nicht

der Unterschied, wenn nicht zugleich bewiesen
werden kann, (was zu beweisen ich thatsächlich
immer mehr als die Absicht der Handeltreibenden erkenne), dass Waren zum Verkauf
aber nicht zum Gebrauch erzeugt werden. Der
Kaufmann ist einesteils der Vermittelungsagent
für den Konsumenten, und anderenteils selbst
der Konsument.* Die Arbeiter aber sind, sobald sie Gegenstände gleichen Wertes herge-
stellt haben, seien es nun Eisen- oder Silberwaren, in beiden Fällen gleich produktiv.

Und welcher Unterschied besteht zwischen

---

* Wenn Mill den schließlichen Unterschied zwischen Verbrauch und Absatz hätte zeigen wollen,
hätte er den Eisenwarenhändler so darstellen müssen,
als verbrauche er seine Produkte selbst, anstatt sie
zu verkaufen; und in ähnlicher Weise auch den
Silberarbeiter. Hätte er dies gethan, so würde er
seine Stellung deutlicher gezeigt haben, wenn sie
auch weniger haltbar wäre, — vielleicht ist es aber
die Stellung, die er wirklich einzunehmen beabsich-
tigt, indem er stillschweigend seine anderswo auf-
gestellte Theorie, dass Bedarf von Waren noch kein
Arbeitsbedarf sei, dahinter versteckte. Diese Theorie
wird sich jedoch im Laufe dieser Abhandlung als
eine falsche erweisen. Aber selbst bei der eifrig-
sten Prüfung dieses in Frage stehenden Paragraphen,
kann ich nicht entscheiden, ob es ein einfacher,
reiner Trugschluss oder nur halbwegs ein solcher
ist, der durch einen andern größeren hervorgerufen
wird. Deshalb werde ich von der günstigeren Annahme
ausgehen, als hielte ich ihn nur für einen einzelnen
Trugschluss.

ihnen? Es ist in der That möglich, dass bei
dem „vergleichenden Maßstab des Moralisten,"
mit dem, wie Herr Mill sagt, die Nationalökonomie nichts zu thun hat, (III. 1, 2), die stäh-
lernen Gabeln für eine solidere Produktion als
die silbernen gehalten werden mögen. Wir
wollen auch zugeben, dass Messer ebenso wert-
volle Erzeugnisse wie Gabeln sind, und dass
Sensen und Pflugscharen nützliche Artikel sind.
Aber wie steht es z. B. mit den Bajonetten?

Wenn der Eisenwarenhändler von diesem
Artikel eine bedeutende Menge absetzen könnte,
weil er die Kosten für die Dienstboten sparte,
und dem Silberarbeiter nichts zu verdienen
gäbe, würde er auch dann noch produktive Arbeiter anstellen, oder um mit Mill's
Worten zu reden, Arbeiter, die den „Grund-
stock der dauerhaften Genussmittel" verstärken?
(I. 111, 4). Oder wenn er nun, anstatt der
Bajonette, Bomben lieferte, würde dann nicht
der absolute und endgültige „Genuß" selbst
dieser durchgreifend produktiven Artikel (von
denen jeder zehn Pfund * kostet) von der Wahl
der Zeit und des Ortes ihrer „Anwendung" abhängen? Von der Wahl, d. h. von jenen phi-
losophischen Betrachtungen, mit denen die
Nationalökonomie nichts zu thun hat?**

---

* Ich richte mich hierbei nach der Schätzung des
Mr. Help, in seinem Essay über den Krieg.

** Als die Gefäße von getriebenem Silber aus Spanien

58. Ich würde nicht auf die Inkonsequenzen, die einige Stellen in Mill's Werk enthalten, hingewiesen haben, wenn sich nicht
gerade der innere Wert seines Werkes auf
diese Inkonsequenzen gründete.

Unter den Volkswirten verdient er Anerkennung wegen des unachtsamen Ableugnens
der von ihm selbst aufgestellten Grundsätze
und der stillschweigenden Einfügung der moralischen Erwägungen, mit denen nach seiner
eigenen Behauptung, seine Wissenschaft nicht
im Zusammenhange steht. Viele seiner Kapitel
sind daher wahr und schätzenswert, und ich
bestreite nur die Schlussfolgerungen, die aus
seinen Prämissen hervorgehen.

So ist z. B. der Grundgedanke dieses eben
von uns angeführten Passus, dass auf Erzeugung von Luxusgegenständen verwendete
Arbeit nicht so vielen Personen Versorgung
gewährt, wie die Arbeit, die auf die Produktion
nützlicher Gegenstände verwendet wird, voll-

von unsern Zollbeamten in Stücke zerschlagen
wurden, weil ungeprägtes Silber aber nicht Geistes-
arbeit zollfrei eingeführt werden könnte, war da
das Beil, das sie zerschlug, produktiv? — Der Künst-
ler, der sie gearbeitet hat, unproduktiv? Oder ferner,
wenn des Forstmanns Axt produktiv ist, ist es auch
die des Henkers? und ebenso, wenn der Hanf eines
Taues produktiven Wert hätte, hängt seine Produk-
tivität nicht mehr von der moralischen als der
materiellen Verwendung des Strickes ab?

kommen richtig; nur das angeführte Beispiel
ist fehlerhaft und zwar nach vier verschiedenen Richtungen zugleich; — denn Mill hat
nicht den wirklichen Sinn der Nützlichkeit erklärt. Die Erklärung, die er gegeben hat,
„die Fähigkeit einen Wunsch zu befriedigen,
oder einem Zwecke zu dienen," (III. 1. 2)
lässt sich gleicherweise auf Eisen und auf
Silber anwenden; während die richtige Erklärung, die er zwar nicht ausgesprochen, aber
nichtsdestoweniger in Gedanken gehabt hat,
unter der falschen buchstäblichen verborgen
ist und einige Male zufällig zu Tage tritt (wie
z. B. in den Worten „irgend eine Unterstützung
des Lebens oder der Kraft"). Sie lässt sich
wohl auf einige, aber nicht auf alle Eisenwaren
und ebenso auf einige, aber nicht auf alle Silber-
artikel anwenden. Sie ist auf Pflugscharen an-
wendbar, aber nicht auf Bajonette, wohl auf
Gabeln, aber nicht auf Filigranarbeit*.

59. Sobald wir hierfür die wahre Erklärung
gefunden haben, haben wir auch zugleich die
Antwort auf unsere erste Frage: „Was ist
Wert?" gefunden. Hinsichtlich seiner müssen
wir jedoch erst die gebräuchlichen Ansichten
anhören.

---

* Filigran, das heißt im allgemeinen Sinne Schmuck,
dessen Wert von der Zusammenfügung der Teile
aber nicht von der Kunst abhängt.

Das Wort „Wert", ohne Zusatz gebraucht, bedeutet in der Nationalökonomie immer „Tauschwert" (Mill III 1. 3). Sodass, wenn zwei Schiffe ihre Steuer-Ruder nicht austauschen können, diese Ruder im nationalökonomischen Sinne für sie gegenseitig wertlos sind.

Aber „der Grundbegriff der Nationalökonomie ist der Reichtum" — (Vorbemerkung Seite 1).

Und „Reichtum setzt sich aus den nützlichen und angenehmen Gegenständen, die einen Tauschwert besitzen, zusammen" (Vorbemerkung Seite 10).

Nach Mill's Ansicht scheint also der Tauschwert abhängig von der Brauchbarkeit und Annehmlichkeit, und diese müssen erst als in einer Sache vorhanden nachgewiesen werden, ehe wir sie für ein Objekt des Reichtums erachten können.

Der ökonomische Nutzen einer Sache hängt nun aber nicht allein von deren eigener Beschaffenheit ab, sondern auch von der Anzahl Menschen, die sie gebrauchen können und wollen. Ein Pferd ist nutzlos und daher unverkäuflich, wenn kein Reiter da ist, — ebenso ein Schwert, wenn Niemand da ist, der schlagen kann, — und Fleisch, wenn kein Esser da ist. Demnach hängt aller materielle Nutzwert von seiner entsprechenden Gebrauchsfähigkeit für die Menschen ab.

In ähnlicher Weise liegt auch die Annehmlichkeit einer Sache nicht allein in deren
eigenem Reiz, sondern darin, für wieviel
Menschen sie reizvoll ist. Die relative Annehmlichkeit und daher Verkäuflichkeit eines
„Glases leichten Bieres" oder eines Bildes
von dem „an einem fließenden Bache stehenden
Adonis" hängt in Wirklichkeit von der Meinung
des Volkes in der Gestalt des Hänschen Schlau
ab. Das heißt also, der Genusswert einer
Sache hängt von der relativen menschlichen
Neigung ab*

---

* Diese Behauptungen klingen hier in ihrer Kürze
ziemlich schroff, werden sie aber erst weiter ent-
wickelt, müssen sie als äußerst wichtig erkannt
werden. So haben, wie das obere Beispiel zeigt,
Volkswirte niemals erkannt, dass die Kauflust ein
durchaus „moralisches" Element des Handels ist;
das heißt: giebst du Jemandem eine halbe Krone, so
hängt es von seiner Neigung ab, ob er sich damit
reich oder arm macht — ob er sich Krankheit, Ruin
und Hass damit erwirbt, oder Gesundheit, Vorwärtskommen und häusliches Glück. Und so hängt die
Annehmlichkeit oder der Tauschwert aller auf den
Markt kommenden Waren nicht nur vom Nutzen der
Waren, sondern auch von dem Werte ihrer Käufer
ab, und somit von der Bildungsstufe des Käufers
und allen den moralischen Elementen, aus denen
sich seine Neigung dies oder jenes zu kaufen, zu-
sammensetzt. Ich werde jede einzelne dieser De-
finitionen an geeigneter Stelle beleuchten und bis
in die letzten Konsequenzen verfolgen, augenblicklich kann ich sie nur in äußerster Kürze geben,
denn um dem Leser diesen Gegenstand gleich in

Da die Nationalökonomie eine Wissenschaft
des Reichtums ist, muss sie demnach eine
Wissenschaft sein, welche die menschlichen
Fähigkeiten und Neigungen berücksichtigt.
Aber moralische Erwägungen haben ja nichts
mit der Nationalökonomie (siehe Mill III 1. 2)
zu thun, demnach haben sie auch nichts mit
den menschlichen Fähigkeiten und Neigungen
zu thun.

60. Da mir der Ausblick, den diese Schlussfolgerung aus den Lehrsätzen Mill's gewährt,
nicht recht gefällt, wollen wir es einmal mit
denen Ricardo's versuchen.

Dieser sagt: „Der Maßstab für den Tauschwert liegt nicht in der Zweckdienlichkeit, obwohl diese durchaus wesentlich dafür ist"
(Kapitel I sec. 1). In welchem Grade wesentlich, Herr Ricardo? Es giebt höhere und
niedere Grade von Zweckdienlichkeit. Fleisch
kann z. B. so gut sein, dass es Jedem dienlich
wäre, davon zu essen, aber auch so schlecht,
dass es Keinem dienlich sein würde. Welches
ist nun genau der Gütegrad, der für den
Tauschwert „wesentlich" ist, aber doch nicht

---

zusammenhängender Form vorzuführen, habe ich die
einleitenden Erklärungen von vier Kapiteln; 1) das
Kapitel über Wert (ad valorem), 2) das über Preis
(dreißig Silberlinge), 3) das über Produktion (De-
meter) und 4) das über Ökonomie (Hausordnung) in
ein Kapitel zusammengefasst.

als „Maßstab" gilt? Wie gut muss das Fleisch
sein, um überhaupt einen Tauschwert zu besitzen? und wie schlecht muss es sein — um
keinen mehr zu haben? (Es wäre recht
wünschenswert, dass diese Frage auf dem
Londoner Markte schon geregelt wäre.)

Da scheinen auch die Prinzipien Ricardo's
einen Haken zu haben, wie ich glaube.
Hören wir aber erst sein eigenes Beispiel:
„Wir wollen annehmen in früheren Zeiten
wären die Pfeile und Bogen des Jägers gleichwertig mit den Angelgeräten des Fischers gewesen. Unter diesen Umständen würde das
Stück Wild als Ergebnis von des Jägers Tagewerk genau" (ich unterstreiche) „gleichwertig
mit dem Fisch, als dem Ergebnis von des
Fischers Tagewerk, sein. Der größere oder
geringere Wert von Fisch und Wildbret würde
vollständig nach der sich darin verwirk-
lichenden Arbeitssumme geregelt werden,"
(Ricardo, Kap. III. Über Wert).

Wirklich? Fängt der Fischer also eine
Sprotte, und der Jäger erlegt einen Hirsch, so
wird die Sprotte gleichwertig mit dem Hirsche
sein? Fängt der Fischer aber gar keinen Fisch,
und der Jäger erlegt zwei Hirsche, wird dann
kein Fisch auch gleichwertig mit den zwei
Hirschen sein?

Ganz gewiss nicht! Verehrer Ricardo's

könnten mir vielleicht erwidern, er meint
ja auch nur durchschnittlich; wenn der
durchschnittliche Ertrag des Tagewerks von
Fischer und Jäger ein Fisch, beziehungsweise
ein Stück Wild wäre, so würde der eine Fisch
gleichwertig mit dem einen Stück Wild sein.

Darf ich mich vielleicht nach der Species
des Fisches erkundigen, ist es ein Walfisch
oder ein Weißfisch?* Es wäre Zeitverschwen-

---

* Vielleicht könnte zu Gunsten Ricardo's noch gesagt werden, dass er damit meinte, „wenn ein dauernder oder bestimmter Nutzen vorhanden ist, so wechselt der Preis nach der Arbeitsmenge". Hat er dies
gemeint, so hätte er es auch sagen sollen; hätte
er es aber gemeint, dann durfte er auch die not-
wendige Folgerung, dass Nutzen ein Maßstab für
den Preis ist (was er ausdrücklich leugnet) kaum
unbeachtet lassen; und ebenso wenig, dass um Verkäuflichkeit nachweisen zu können, nicht nur ein
bestimmtes Arbeitsquantum, sondern auch ein bestimmtes Quantum von Nützlichkeit nachgewiesen
werden müsste. An seinem eigenen Beispiel hätte
er beweisen müssen, dass Wild wie Fisch derselben
Anzahl Menschen, für dieselbe Spanne Zeit mit
demselben Gaumenkitzel, Nahrung gewähren würde.
Thatsächlich wusste er aber selbst nicht, was er
meinte. Sein aus Erfahrung im Handel hergeleiteter
Gedanke, den er jedoch nicht zu ergründen ver-
mochte, war wohl, dass bei dauerndem Bedarf, der
Preis je nach der zur Produktion erforderlichen
Arbeitsmenge wechseln müsse; — es ist die Anwendung der im vorigen Artikel von mir aufgestellten
Formel — wenn y feststeht, so wechselt xy wie x.
— Bedarf aber ist und kann in letzter Linie niemals
gleichbleibend sein, wenn sich x in bestimmter

dung diese Trugschlüsse noch weiter zu verfolgen, sehen wir uns lieber nach einer
richtigen Definition um.

Weise verändert; denn wenn der Preis steigt, fallen
Konsumenten ab, und sobald es ein Monopol giebt
(jede Seltenheit ist eine Art Monopol, so dass jede
Ware gelegentlich von einem Schein von Monopol
gestreift wird) muss y den Preisstand am meisten
beeinflussen. So hängt der Preis eines Gemäldes
weniger von seiner Güte ab, als von dem Interesse,
das das Publikum daran nimmt, der Wert des Ge-
sanges weniger von der Leistung des Sängers als
von der Personenzahl, die ihn zu hören wünscht,
und der Preis des Goldes weniger von der Seltenheit, die es mit Cerium und Iridium teilt, als von
der Sonnenlichtfarbe und der unveränderlichen Reinheit, durch welche es die Bewunderung der Menschheit erregt und ihrem Vertrauen an seinen Wert
entspricht.

Ich muss hierbei daran erinnern, dass ich das
Wort „Nachfrage" in etwas anderem Sinne als es
bei den Volkswirten üblich ist, gebrauche. Sie
meinen damit „die Menge einer verkauften Sache".
Ich meine damit „die Macht des Käufers, seine Kauflust in die That umzusetzen". Auf gut deutsch bedeutet „Nachfrage" nicht das, was man bekommt,
sondern das was man verlangt.

Die Volkswirte lassen auch außer Acht, dass die
Gegenstände nicht nach ihrem absoluten Umfang
oder Gewicht gewertet werden, sondern vielmehr
nach dem Umfang und Gewicht, die sie haben
müssen, um von Nutzen zu sein. Sie behaupten
z. B. dass Wasser im Handel nichts kostet. Ja, ein
Glas Wasser kostet wohl nichts, aber ein See kostet
etwas, geradeso wie eine Handvoll Erde nichts
kostet, aber wohl ein Acker. Und wenn es möglich

61. Seit Jahrhunderten ist viel Geld auf unsere klassische Bildung verwendet worden. Es wäre recht wünschenswert, dass unsere besser gebildeten Kaufleute sich von ihren Lateinstudien in's Gedächtnis zurückriefen, — dass der Nominativ von valorem (ein Wort, mit dem die meisten von ihnen schon vertraut sind) valor ist, das ihnen daher auch vertraut sein müsste. Valor kommt von valere gut oder stark sein (ὑγιαίνω); als Mensch, stark im Leben sein, oder etwas taugen; als Sache stark für's Leben, oder wertvoll sein. „Wertvoll" sein bedeutet daher „Wert oder Nutzen für das Leben besitzen". Wahrhaft wertvoll oder nützlich ist Das, was mit aller Kraft zum Leben führt. Je weniger es zum Leben führt, oder je mehr seine Kraft gebrochen ist, desto weniger wertvoll ist es verhältnismäßig. Je nachdem es vom Leben entfernt, ist es wertlos oder schädlich.

Der Wert eines Gegenstandes ist demnach unabhängig von der Meinung und der Menge. Du kannst davon denken, was du willst, davon gewinnen, soviel du willst, der Wert an sich wird dadurch nicht größer oder geringer.

wäre, auch den Besitz eines Glases oder einer Hand voll zu einem bleibenden zu machen (d. h. einen Platz dafür zu finden), so würde die Erde und das Meer durch Hände und Gläser voll aufgebraucht werden.

Entweder er ist tauglich oder nicht tauglich.
Keine Anerkennung kann die Macht, die ihm
der Schöpfer aller Dinge verliehen hat, erhöhen, keine Misachtung sie herunterdrücken.
Die echte Wissenschaft der Nationalökonomie, die sich von der Bastardwissenschaft,
wie Medizin von Quacksalberei, oder wie
Astronomie von Astrologie unterscheidet, ist
diejenige, die die Nationen lehrt, nach den
zum Leben führenden Dingen zu trachten und
an ihnen zu arbeiten; dagegen die zum Verderben führenden Dinge zu verschmähen und
zu vernichten. Und wenn nun in einem un-
mündigen Staate, gleichgültige Dinge, wie
Auswüchse von Schaltieren oder rote und
blaue Steinchen für wertvoll gehalten würden,
und ein großer Teil Arbeit zur Ausbreitung
und Veredelung des Lebens verloren ginge,
weil nach diesen Dingen getaucht und ge-
graben würde und man sich bemühte, sie in
verschiedene Formen zu schneiden; oder wenn
in demselben unmündigem Staate kostbare und
segensreiche Dinge wie Luft, Licht und Rein-
lichkeit für wertlos gehalten würden; oder
wenn man endlich die Bedingungen des eigenen
Daseins, wie z. B. Frieden, Treue und Liebe,
unter denen allein man wirklich etwas besitzen oder verwerten kann, glaubte vorteilhaft
vertauschen zu können gegen Gold, Elfenbein

9

oder Schaltiere, dann muss uns in allen diesen
Fällen die große und einzige Wissenschaft der
Nationalökonomie darüber belehren, was Schein
und was Wahrheit ist, und wie verschieden
die Anbetung des Todes, des Herrn der Ver-
wüstung und der ewigen Leere, von der Verehrung der Weisheit, der Göttin der Ersparung
und ewigen Fülle ist, die gesagt hat: „Ich
werde wohl beraten, die mich lieben und ihre
Schätze voll machen" (Sprüche Salom. 8. 21.)
„Die Göttin der Ersparung", in einem tieferen
Sinne als dem der Sparkasse, obgleich darin
auch etwas Gutes liegt, Madonna della Salute
— die Göttin des Heils, der Gesundheit —
welche, trotzdem man gewöhnlich so thut, als
hinge sie nicht mit dem Reichtum zusammen,
doch ein Teil desselben ist. Das Wort Reichtum
ist, wie wir uns erinnern werden, das nächste,
das wir zu erklären haben.

62. „Reich sein," sagt Mill „heißt einen
großen Vorrat von nützlichen Artikeln haben."

Ich nehme die Erklärung an. Wir müssen
sie nur völlig verstehen. Meine Gegner klagen
oft, daß ich ihnen nicht logisch genug sei. Ich
fürchte nur, ich muss es jetzt mehr sein, als
ihnen vielleicht lieb ist, aber diese Aufgabe
der Nationalökonomie ist keine leichte, und
wir dürfen keine ungenauen Ausdrücke dabei
dulden. —

Wir haben uns deshalb bei der obigen Erklärung zuerst darüber zu vergewissern, was die
Bedeutung von „haben", oder wie die Art des
Besitzes ist. Dann müssen wir prüfen, was
„nützlich" und welcher Art die Nützlichkeit ist.
Zuerst also der Besitz. Unter der Kreuzung
des Querschiffes im Mailänder Dom liegt schon
seit dreihundert Jahren der einbalsamierte
Körper des St. Carlo Borromeo. Er hält einen
Krummstab in Händen, und auf der Brust ruht
ein Smaragdkreuz. Angenommen, der Krummstab und die Smaragden wären nützliche Dinge,
kann der Körper so betrachtet werden, als
„hätte" er sie? Gehören sie ihm in der nationalökonomischen Bedeutung von Eigentum?
Wenn nicht, (woraus wir gleich den allgemeinen Schluß ziehen können, dass ein toter
Körper kein Eigentum besitzen kann) bei welchem Grad der Belebung und zu welcher Zeit
hat dann der Körper die Fähigkeit zu besitzen?
Und weiter. Auf dem Wrack eines kalifor-
nischen Schiffes hatte sich kürzlich einer der
Passagiere einen Gürtel, in dem sich Goldstücke im Werte von 200 Pfund Sterling be-
fanden, umgebunden, und wurde später damit auf dem Meeresgrund gefunden. Als er
nun untersank: hatte er da das Gold, oder
hatte das Gold ihn?*

---

* Vgl. George Herbert: Das Kirchenportal, Stanze 28.

Und wenn nun das Gold, anstatt ihn durch
sein Gewicht in die Tiefe zu ziehen, ihn vor
die Stirn geschlagen hätte und ihm dadurch
eine unheilbare Krankheit zugefügt, sei es Lähmung oder Irrsinn — würde das Gold in
diesem Falle eher als in dem ersten als „Besitz" anzusehen sein? Ohne dass ich diese Frage
durch Beispiele von der sich allmählich stei-
gernden lebendigen Macht über das Gold noch
weiter zu erläutern brauche, (auf Verlangen
werde ich sie jedoch geben) denke ich, wird
der Leser erkennen, dass Besitz oder „haben"
keine absolute, sondern eine verschieden ab-
gestufte Macht ist, und dass Besitz nicht nur
in der Menge oder Art des zu besitzenden Gegenstandes besteht, sondern (und zwar in
noch höherem Grade) in seiner Anpassung
an die ihn besitzende Persönlichkeit und
deren lebendige Kraft, ihn zu verwerten.

Unsere erweiterte Erklärung des Reichtums
lautet nun: „Besitz nützlicher Artikel, die
wir benutzen können." Darin liegt eine
sehr wichtige Veränderung. Denn wir ersehen
daraus, dass Reichtum, anstatt allein vom
„Haben" abzuhängen, auch noch vom „Können"
abhängt. Des Gladiators Tod hängt von einem
„habet" ab, der Sieg des Soldaten, die Erret-
tung des Staates aber von einem „quo pluri-
mum posset" (Liv. VII. 6). Und das, was wir

nur für eine Ansammlung von Material hielten, erfordert, wie wir sehen, auch eine Ansammlung von Fähigkeiten!

63. Dies zur Erklärung unseres Zeitworts. Nun weiter zum Eigenschaftswort. Was bedeutet „nützlich oder brauchbar?" Diese Frage ist mit der vorigen eng verbunden. Denn was in der Hand eines Menschen Brauchbarkeit, Nutzen bedeutet, bedeutet in den Händen anderer das Gegenteil davon, gewöhnlich „Missbrauch oder Unbrauchbarkeit" genannt. Und es hängt viel mehr von dem Menschen, als von dem Gegenstande ab, ob die sich äußernde Eigenschaft Brauchbarkeit oder Unbrauchbarkeit bedeutet. So ist es z. B. mit dem Wein, den die Griechen in ihrem Bacchos zum echten Typus aller Leidenschaften machten, und der, nützlich angewendet „Götter und Menschen fröhlich macht" (Richter 9. 13) — (das heißt, das göttliche Leben oder die Geisteskraft, sowohl wie die irdische oder fleischliche Kraft des Menschen stärkt); aber mißbraucht, wird „Dionysos" verderblich, besonders für das Göttliche im Menschen, für die Vernunft. So ist es auch mit dem Körper selbst, der ebenso der Brauchbarkeit wie der Unbrauchbarkeit unterworfen ist; richtig in Zucht gehalten, wird er dem Staate sowohl im Kriege als bei friedlicher Arbeit, Dienste leisten, — aber nicht in

Zucht gehalten, oder missbraucht, ist er für
den Staat wertlos und nur zur Fortführung
der einzelnen, persönlichen Existenz fähig und
auch das nur in schwächerem Maße. Die Griechen nannten solch einen Menschen einen
„Idioten", oder einen „Privatmenschen", indem
sie mit dem Worte eine Person bezeichneten,
die in keiner Weise dem Staate nützlich war;
woraus abgeleitet auch wir unter „Idiot" eine
Person verstehen, die sich nur mit ihren eigenen Angelegenheiten beschäftigt.

Daraus folgt also, dass eine Sache, um
brauchbar zu sein, nicht nur an sich tauglich
sein muss, sondern sich auch in Händen be-
finden muss, die etwas taugen! Oder genauer
ausgedrückt, Brauchbarkeit bekommt Wert in
den Händen des Verwertenden. Der Begriff
Reichtum im Sinne von „Anhäufung" betrachtet, umfasst also, wie wir eben gesehen haben,
sowohl Anhäufung von Fähigkeit als auch von
Material, und im Sinne von Verteilung ist er
keineswegs unbedingt, sondern sehr verschie-
denartig bedingt. Nicht Jedes für Jeden, sondern das Rechte für den rechten Mann.
Eine schwierige Wissenschaft, die noch von
mehr als Arithmetik allein abhängt.

64. Reichtum ist demnach „der Besitz von
etwas Wertvollem in Händen des Tüchtigen, der es zu verwerten weiß." Wird der

Reichtum nun als eine in einem Volke vor-
handene Macht betrachtet, so müssen die beiden
Elemente, der Wert der Sache und der Wert
ihres Besitzers, zusammen eingeschätzt werden;
daraus ergiebt sich, dass Viele von denen,
die für gewöhnlich als reich gelten, in Wahrheit nicht reicher als die Schlösser ihrer eigenen Geldschränke sind, die immer und ewig
des Reichtums unfähig bleiben. Vom ökonomischen Gesichtspunkte aus haben sie für die
Nation denselben Nutzen wie etwa ein Tümpel
stehenden Wassers, oder die Strudel in einem
Strombett, (die solange der Strom fließt, nutzlos sind oder höchstens das Ertrinken der
Menschen herbeiführen, aber falls der Fluss
austrocknen sollte, von Bedeutung werden
können) oder auch wie ein Stauwehr im Flusse,
dessen Nutzen schließlich nicht vom Wehr
sondern vom Müller abhängt; oder auch wie
ein rein zufälliges Hindernis, oder ein Widerstand, der nicht Wohlstand, sondern Übelstand
bedeutet, indem er nach allen Richtungen hin
Störungen und Verheerungen anrichtet. Schließlich sind derartige Leute überhaupt nicht thätig,
sondern verharren in einer Art belebten Zu-
standes gänzlicher Zurückhaltung, so dass
alles, was sie besitzen, erst nach ihrem Tode
Nutzen erhält. In diesem Zustande können
sie übrigens trotzdem manchmal nützlich sein,

gleichsam durch Hindernisse und „impedi-
menta", wenn eine Nation zu allzuschnellem
Fortschritt geneigt ist.

65. Dies zugegeben, liegt die Schwierigkeit
für die wahre Wissenschaft der Nationalökonomie nicht allein in der Notwendigkeit,
mannhaften Karakter bei der Beschäftigung
mit materiellem Werte zu beweisen, sondern
auch in der Thatsache, dass, obgleich nur die
Vereinigung von mannhaftem Karakter und
materiellem Wert zu Reichtum führt, diese doch
gegenseitig störend auf einander einwirken.
Denn mannhafter Karakter ist leicht geneigt,
materiellen Wert gering zu schätzen oder zu
verwerfen; worauf sich folgender Vers von
Pope bezieht:

> „Sure, of qualities demanding praise
> More go to ruin fortunes, than to raise."*

Und andrerseits untergräbt der materielle
Besitz leicht den mannhaften Karakter. Demnach muss es unsere erste Aufgabe sein, zu
prüfen, welche ersichtliche Wirkung der Reichtum auf den Karakter des Besitzenden ausübt; und ferner, zu welcher Art Menschen
diejenigen gehören, die auf Reichtum versessen
sind, und deren Streben Erfolge aufweist.
Weiter aber, wem die Welt mehr Dank schuldet,

---

* Von Gaben, denen höchstes Lob gebührt,
Hat der am ehsten, der das Geld verliert.

den Reichen oder — den Armen, einerseits für
ihren moralischen Einfluss, andrerseits für die
wichtigsten Güter, Entdeckungen und praktischen Verbesserungen. Ich möchte übrigens
hier schon das spätere Ergebnis in soweit
vorweg nehmen, als ich feststelle, dass in
einem nur nach dem Gesetz von Nachfrage
und Angebot geregelten, aber gegen offene
Gewalt geschützten Staatswesen Diejenigen,
die reich werden, im Allgemeinen die Fleißigen,
Entschlossenen, Hochmütigen, Habsüchtigen,
Pünktlichen, Methodischen, Vernünftigen, Nüch-
ternen, Gefühllosen und Unwissenden sind.
Diejenigen, die arm bleiben, sind die ganz
Dummen und die ganz Weisen*, die Trägen,
Sorglosen, Demütigen, die Grübler, Phantasten,
Stumpfsinnigen, die Tiefempfindenden, Gelehr-
ten, Tollkühnen, die ungezügelt und impulsiv
Bösen, der plumpe Betrüger und der offenkundige
Dieb und wiederum die durch und durch barm-
herzigen, gerechten und göttlichen Menschen.

66. Damit genug über den Reichtum. Zu-
nächst haben wir uns nun über die Natur des
Preises klar zu werden. Das heißt, über

---

* „ὁ Ζεὺς δήπου πένεται“ — Arist. Plut. 582. Es
würde den großartigen Satz nur abschwächen, woll-
ten wir uns an den vorhergehenden anlehnen: —
„ὅτι τοῦ Πλούτου παρέχω βελτίονας ἄνδρας, καὶ τήν
γνώμην, καὶ τὴν ἰδέαν.“

den Tauschwert und seine Übertragung in baares Geld.

Erstens ist zu beachten, dass mit dem Tauschen kein Gewinn verbunden sein kann. Dieser kann nur in der Arbeit liegen — in „Gestalt vorausgethanen Arbeitslohnes" oder „zu Gunsten thun", (from proficio). Im Tauschen liegt nur Vorteil, d. h. der Austausch ist für die beiden Tauschenden vorteilhaft oder verleiht ihnen Kraft. Verwandelt z. B. Jemand ein Maß Getreide durch Säen und Ernten in zwei Maß, so liegt Gewinn oder Profit darin, oder ein Anderer macht durch bohren und schmieden aus einem Spaten zwei, so liegt Gewinn darin. Der Mensch jedoch, der zwei Maß Getreide besitzt, muss zu Zeiten auch graben, und der, welcher zwei Spaten hat, muss auch essen, — sie tauschen deshalb das gewonnene Getreide gegen das gewonnene Werkzeug ein, und beide stehen sich bei dem Tausche besser. Aber trotzdem in dem Geschäft viel Vorteil liegt, ist dieser doch kein „Gewinn" zu nennen. Nichts ist dabei neu geschaffen oder erzeugt. Nur Das, was schon vorher bestand, ist Dem, der es gebrauchen kann, übergeben worden. Wenn jedoch zur Bewirkung des Austausches, Arbeit erforderlich ist, so ist diese Arbeit wirklich produktiv und bringt gleich aller Arbeit Gewinn. Und

alle die Menschen, die bei der Herstellung
oder dem Vertriebe beteiligt sind, tragen auch
zum Gewinn bei; aber weder die Herstellung
noch der Vertrieb der Ware sind Austausch
zu nennen, und im Austausch selbst liegt kein
Gewinn.

Es kann aber dabei noch ein Erwerb vorhanden sein, mit dem es wieder ganz anders
liegt. Wenn Jemand beim Austausch im Stande
ist, etwas, was ihm wenig Arbeit kostet, hinzugeben für etwas, das dem Andern viel Arbeit
gekostet hat, „erwirbt" er ein gewisses Maß
von dem Arbeitsprodukt des Andern. Und genau
genommen verliert dieser, was jener erwirbt. Im
kaufmännischen Stil wird von Jemand, der auf
diese Weise erworben hat, gewöhnlich gesagt,
er habe „Profit gemacht"; und ich glaube, dass
eine große Zahl unserer Kaufleute allen Ernstes
der Ansicht ist, dass es für Jedermann möglich sei, auf diese Weise irgend einen Profit
zu machen. Gleichwohl haben in Folge der
unglücklichen Beschaffenheit der Welt, in der
wir leben, die Gesetze des Stoffes wie der
Bewegung den gesamten derartigen Erwerb
mit größter Strenge verboten. Profit oder
materieller Gewinn ist nur durch Schaffen
oder durch Erfindungen erreichbar, nicht durch
Austausch. Wo auch immer materieller Gewinn durch Austausch erzielt wird, steht genau

jedem plus ein entsprechendes minus gegenüber.

Auf den Fortschritt der nationalökonomischen
Wissenschaft wirkt es ungünstig, dass die
Plusmengen, oder wenn ich mir die Plural-
bildung erlauben darf — die Plusse eine ganz
anerkannte und ehrenvolle Erscheinung auf
Erden sind; so dass jeder Einzelne eifrig bemüht ist, die Wissenschaft, die so ausgezeich-
nete Resultate hervorbringt, zu erlernen;
während in den Minussen andrerseits die
Neigung vorhanden ist, sich in Seitengässchen
und an andere dunkle Stätten zurückzuziehen
— oder schließlich sogar zu den Gräbern zu
flüchten. Das macht die mathematische Berechnung dieser Wissenschaft zn einer so
eigentümlichen und schwer verständlichen;
hat doch der Rechnungsführer eine große Zahl
der negativen Zeichen mit einer roten tinten-
artigen Flüssigkeit geschrieben, welche die
Not verdünnt und blass gemacht hat, oder
wohl auch mit einer bis jetzt noch ganz un-
leserlichen Tinte.

67. Die Tauschlehre oder „Katallaktik“,
wie vorgeschlagen wurde sie zu nennen, daher
als Lehre vom Gewinn zu betrachten, ist
einfach lächerlich, aber als Erwerbslehre betrachtet, ist sie eine ganz seltsame Wissenschaft, die sowohl in ihrer Grundlage als in

ihren Thatsachen von jeder andern bestehenden
Wissenschaft abweicht. Wenn ich z. B, mit
einem Wilden eine Nadel für einen Diamanten
eintauschen kann, so liegt der Grund, so verfahren zu können, entweder in des Wilden
Unkenntnis der sozialen europäischen Ein-
richtungen oder in seiner Machtlosigkeit, sie
sich zu Nutze zu machen und den Diamanten
an irgend Jemand anders, für eine größere
Anzahl Nadeln verkaufen zu können. Wenn ich
ferner das Geschäft zu einem für mich möglichst
vorteilhaften mache, indem ich dem Wilden
eine Nadel ohne Öhr gebe und so ein durchaus befriedigendes Beispiel von der vollendeten
Wirkung der Güteraustauschwissenschaft er-
halte, so hängt mein Vorteil bei dem ganzen
Geschäft allein von der Unwissenheit, Machtlosigkeit oder Unachtsamkeit der Person, mit
der ich verhandele, ab. Sieht man von diesen
ab, so wird katallaktischer Vorteil unmöglich.
In sofern also als bei der Tauschlehre nur der
Vorteil der einen austauschenden Person in Frage
kommt, ist sie auf die Unwissenheit oder Un-
fähigkeit der andern gegründet. Wo diese hinweg fallen, wird sie auch hinfällig. Sie ist daher
eine auf Nichtwissen beruhende Wissenschaft
und eine aus dem Mangel an Kunstverständnis
Nutzen ziehende Kunst. Während alle andern
Wissenschaften und Künste, abgesehen von

dieser, es sich zum Ziel setzen, ihre Feinde, die Unwissenheit und das mangelnde „Kunstverständnis" zu bekämpfen, muss diese Wissenschaft allein von allen Wissenschaften mit jedem nur zulässigen Mittel ihren Feind, die Unwissenheit, zu verbreiten und zu vergrößern suchen; sonst wird sie selbst unmöglich! Sie ist daher einzig und allein die Wissenschaft der Finsternis, vielleicht eine Bastardwissenschaft — auf keinen Fall eine divina scientia, sondern eine von einem andern Vater, dem Versucher, erzeugte, der während er seine Kinder äußerlich anweist, Steine in Brot zu verwandeln, (Mathäus 4. 3) selbst damit beschäftigt ist, Brot in Steine zu verwandeln, und der denen, so sie ihn bitten um einen Fisch, eine Schlange bietet." (Mathäus 7. 10), denn sein Reich bringt keine Fische hervor.

68. Das allgemeine Gesetz des gerechten oder ökonomischen Austausches ist nun einfach folgendes: Auf beiden Seiten muss für die Tauschenden Vorteil vorhanden sein, oder wenn nur auf einer Seite, dann wenigstens kein Nachteil auf der andern; und ferner muss die Zeit, Intelligenz und Arbeit jeder bei dem Handel vermittelnden Person, die man gemeinhin als Kaufmann bezeichnet, gerecht bezahlt werden; auch muss allen Beteiligten genau

bekannt sein, was für Vorteil etwa auf einer
oder der andern Seite ist, und welcher Lohn
dem Vermittler bezahlt wird. Alle Versuche
der Verheimlichung würden sich der Praxis
der entgegengesetzten, gottlosen, auf Unwissenheit beruhenden Wissenschaft nähern,
auf die sich ein weiterer Ausspruch des jüdi-
schen Kaufmanns bezieht; „wie ein Nagel
zwischen den Steinen, so sitzt die Sünde
zwischen Kauf und Verkauf." Dieses eigen-
tümliche zusammen genietet sein von Stein und
Gebälk beim gegenseitigen Handel der Menschen, zeigt Sacharja bildlich an dem Hause,
das verzehrt werden soll samt seinen Steinen
und Holz, als er die Erscheinung des fliegenden
„Briefes" (vermutlich des „krummen Schwertes")
hatte, denn es heißt dort: „Das ist der Fluch,
welcher ausgehet über das ganze Land, denn
alle Diebe werden nach diesem Briefe fromm
gesprochen." Hierauf folgt die Vision des
„Epha" oder „großen Hohlmaßes", von dem
es heißt: „Das ist ihre ganze Gestalt im
Lande" ($a\mathit{ὔτη}\ \mathit{ἡ}\ \mathit{ἀδικία}\ \mathit{αὐτῶν}\ \mathit{ἐν}\ \mathit{πάσῃ}\ \mathit{τῇ}\ \mathit{γῇ}$)
das zugleich mit dem Centner Blei als Deckel,
das Weib, als Werkzeug des Bösen, enthält.
— Das heißt also, hinter Stumpfsinn und
Schwäche verborgene Schlechtigkeit, die sich
allgemein als schwere Grausamkeit äußert.
Dass ihm ein Haus gebauet werde im Lande

Sinear und bereitet und daselbst gesetzet
werde auf seinen Boden." (Sacharja 5. 11. Siehe
auch spätere Anmerkung).

69. Ich habe mich bis jetzt, beim Besprechen
des Tauschhandels vorsichtig auf den Ausdruck
„Vorteil" beschränkt; dieser Ausdruck bedeutet
jedoch zweierlei, nämlich, den Vorteil Das zu
bekommen, was man nötig hat und Das, was
man gern hätte. Dreiviertel der in der Welt
vorhandenen Ansprüche sind romantischer Art,
beruhen auf idealen Hoffnungen, Wünschen
und Neigungen, und die Regulierung des Geld-
beutels bedeutet im wesentlichen — die Regulierung der Einbildungskraft und des Herzens.
Demnach ist die richtige Auffassung von der
Natur des Preises ein sehr hohes metaphy-
sisches und psychisches Problem, das zuweilen
nur auf leidenschaftlich erschütternde Weise
gelöst werden kann, wie durch David, als er den
Preis des Brunnenwassers zu Bethlehem unterm
Thor bemaß. Aber die ersten Grundlagen sind
folgende: Der Preis eines Gegenstandes bedeutet
das Maß von Arbeit, das die betreffende Persönlichkeit, die ihn haben möchte, anbietet, um
in seinen Besitz zu kommen. — Dieser Preis
hängt von vier verschiedenen Größen ab:
A. 1. Von der Größe des Verlangens, das der
     Käufer nach einem Gegenstande hegt, und
     dem entgegen wirkend:

A. 2. Von der Größe des Verlangens des Ver-
käufers, diesen Gegenstand zu behalten;

B. 1. Von dem Arbeitsquantum, das dem
Käufer für die Erlangung eines Gegenstandes zur Verfügung steht, und dementsprechend:

B. 2. Von dem Arbeitsquantum, das dem Verkäufer für das Behalten des Gegenstandes
zur Verfügung steht.

Diese Größen treten nur in Kraft mit ihren
Überschüssen, d. h. die Größe des Verlangens
A. 1. bedeutet, dass das Verlangen nach diesem
Gegenstande größer sein muss, als nach andern
Dingen; und das Arbeitsquantum B. 1. bedeutet
dasjenige Maß, das zur Erlangung dieses Gegenstandes von dem Quantum, das zur Erlangung
anderer Gegenstände erforderlich ist, erübrigt
werden kann.

Die Preiserscheinungen sind daher äußerst
verwickelt, seltsam und interessant, — aber
leider zu verwickelt, als dass man sie hier
schon erforschen könnte; hat man die Spur
der einzelnen weit genug verfolgt, so erweisen sie sich schließlich immer gleich jenem
Handel mit den Elenden der Herde (oder
den Schlachtschafen, Sacharja 11, 7). „Gefället's euch, so bringet her, wieviel ich gelte,
wo nicht, so lasset's anstehen" (Sacharja 11. 12).
Da aber der Preis aller Dinge schließlich

immer in Arbeit enthalten ist und berechnet
werden muss, so ist es notwendig, die Art
dieses Richtmaßes zu erklären.

70. Arbeit ist der Kampf des Menschen-
lebens mit einem Gegner. — In der Bezeich-
nung „Leben" ist der Intellekt, die Seele und
die physische Kraft mit inbegriffen, und als
Gegner ist die Unsicherheit des Erfolgs, die
Versuchung und der materielle Widerstand
anzusehen.

Arbeit gehört entweder zu einer höheren
oder niederen Gattung, je nachdem sie mehr
oder weniger von den Lebenselementen umfasst. Gute Arbeit, welcher Art sie auch sei,
enthält immer so viel Intellekt und Gefühl
wie zur völligen, harmonischen Regelung der
physischen Kraft erforderlich ist.

Wenn wir vom Wert und Preis der Arbeit
sprechen, müssen wir darunter immer Arbeit
einer bestimmten Qualität und einer bestimmten
Wertstufe verstehen, wie wir auch bei Gold
oder Silber von einem bestimmten Feingehalt
sprechen. Schlechte (d. h. herzlose, uner-
fahrene oder zwecklose) Arbeit kann nicht
gewertet werden, sie ist vergleichbar mit Gold
von unbestimmter Legirung, oder mit brüchigem
Eisen*.

---

* In ihrer Art vollkommen gute Arbeit, das heißt
brauchbare oder nützliche, nannten die Griechen

Bei bestimmter Beschaffenheit und Art der Arbeit ist deren Wert, gleich dem aller andern wertvollen Dinge, unveränderlich. Jedoch ist die Arbeitsmenge, die andere Dinge erfordern, veränderlich. Wenn wir diese Veränderlichkeit anerkennen, so muss der Preis der andern Dinge immer nach dem Arbeitsquantum berechnet werden und der Arbeitspreis nicht nach der Quantität der andern Dinge.

71. Wenn wir z. B. ein junges Apfelbäumchen auf felsigen Boden pflanzen wollen, erheischt dies vielleicht eine Arbeit von zwei Stunden; pflanzen wir es dagegen auf weichen Boden, so genügt vielleicht die Arbeit einer halben Stunde. Nehmen wir an, der Boden

---

„wägbar" oder ἄξιος, was gewöhnlich mit „würdig" übersetzt wird; und weil sie dauerhaft und echt war, nannten sie ihren Preis τιμή, die „ehrenvolle Anerkennung" derselben: (honorarium). Dieses Wort gründet sich auf ihre Vorstellung, dass echte, wahre Arbeit etwas Göttliches sei, und dass ihr dieselbe Verehrung wie den Göttern gebühre, während sie für den Preis der falschen Arbeit, oder der, welche dem Leben entgegenarbeitet, und deren Lohn nicht Anerkennung, sondern rächende Vergeltung sein müsste, ein anderes Wort gebrauchten, indem sie die Eintreibung solchen Preises einer besonderen Göttin, der „Tisiphone" die „mit dem Tode vergilt" (oder „quittiert") zuwiesen, einer Persönlichkeit, die in den höchsten Zweigen der Arithmetik bewandert und pünktlich in ihrem Thun ist. Von ihr wird noch heutigen Tages das Soll und Haben beglichen.

wäre in beiden Fällen gleich günstig für den
Baum, so wäre der Wert des jungen Bäum-
chens, dessen Pflanzen eine zweistündige Arbeit
erforderte, in keiner Weise höher als der, des
in einer halben Stunde gepflanzten. Das eine
wird nicht mehr Früchte als das andere tragen.
Nun hat offenbar eine halbstündige Arbeit
denselben Wert wie eine andere halbstündige,
nichtsdestoweniger hat doch das eine Bäumchen
vier solcher Arbeitsteile gebraucht und das
andere nur einen. Aus dieser Thatsache ergiebt sich nicht etwa, dass Arbeit auf steinigem
Boden wohlfeiler als Arbeit auf weichem Boden
ist, aber wohl, dass der Baum teurer ist. Der
Tauschwert kann später von dieser Thatsache
abhängen oder auch nicht. Wenn z. B. andere
Leute eine Menge weichen Bodens zum Be-
pflanzen haben, so werden sie bei dem Preise,
den sie uns für die auf dem Felsen stehende
Pflanze bieten, unsere zweistündige Arbeit
nicht in Rechnung ziehen. Ja, hätten wir aus
Mangel an botanischen Kenntnissen einen
Upasbaum anstatt eines Apfelbaumes gepflanzt,
so würde der Tauschwert sogar geringer sein
und noch weniger im Verhältnis zu der darauf
verwendeten Arbeit stehen.

Was gewöhnlich Wohlfeilheit der Arbeit genannt wird, bedeutet daher in Wahrheit, dass
diese viele Hindernisse zu überwinden hat; für

einen nur geringen Ertrag ist, so zu sagen,
viel Arbeit erforderlich. Man sollte es aber
nicht Wohlfeilheit der Arbeit nennen, sondern
Kostspieligkeit des diese Arbeit erheischenden
Gegenstandes. Man kann ebenso gut sagen,
das Gehen sei wohlfeil, weil wir zehn Kilo-
meter gehen müssen, um nach Haus zum
Mittagbrot zu kommen, wie man sagt, die
Arbeit sei billig, weil wir zehn Stunden nötig
haben, um uns das Mittagbrot zu verdienen.

72. Das letzte Wort, das wir näher bestimmen müssen, ist „Produktion".

Ich habe bis jetzt von aller Arbeit als ge-
winnbringender gesprochen, denn es ist unmöglich auf einen Blick zugleich die Güte
oder den Wert der Arbeit und ihren Zweck
zu betrachten. Aber Arbeit selbst der besten
Art kann verschiedenen Zwecken dienen.
Sie kann entweder bauend, konstruktiv (ein
„Sammeln" von con und struo) sein, wie in
der Landwirtschaft; nichtssagend wie die des
Steinschneiders, oder destruktiv (ein „Zer-
stören, zerstreuen", von de und struo) wie
der Krieg. Dennoch ist es nicht immer leicht
zu beweisen, dass anscheinend nutzlose Arbeit
es wirklich ist*, im allgemeinen enthält der

* Die aller nutzloseste Arbeit ist wohl die, welche
nicht ausreicht um von wirksamen Nutzen zu sein,
und die deshalb ganz umsonst gemacht wird.
Ebenso die Arbeit, die ihren Zweck durch Mangel

Spruch viel Wahres: „Wer nicht sammelt, der zerstreut." (Math. 12. 30). Die Kunst des Juweliers ist sonach wahrscheinlich sehr schädlich, da sie dem plumpen, unvernünftigem Dünkel förderlich ist. Hiernach glaube ich, dass nahezu alle Arbeit kurzer Hand in positive und negative geteilt werden kann. Positiv ist die, welche Leben, negativ die, welche Tod erzeugt. Durchaus negative Arbeit ist das Morden und durchaus positive, das Kindergebären und erziehen, so dass genau in demselben Grade, in dem Mord, als auf der negativen Seite der Unthätigkeit, hassenswert ist, die Kindererziehung, als auf positiver Seite der Unthätigkeit, bewundernswert ist. Aus diesem Grunde und gleichfalls wegen der Ehre, die im Kindererziehen* liegt, heißt es vom Weibe,

---

an genossenschaftlichem Sinn verfehlt. Der Pfarrer eines kleinen Dorfes bei Bellinzona, dem ich meine Verwunderung aussprach, dass die Bauern ihre Felder vom Tessino ruhig überschwemmen ließen, erzählte mir, dass sie sich nicht vereinigen könnten, einen wirksamen Schutzwall oberhalb des Thales aufzuführen, weil jeder Einzelne sagte, „das würde seinem Nachbar ebenso viel nützen wie ihm selbst!" Und so führte jeder Bauer für sich einen niedrigen Damm auf, nur um seinen eigenen Acker zu schützen; sobald aber der Tessino wüthend wurde, riss er die Dämme ein und verschlang sie alle mit einander.

* Beachte, dass ich „erziehen" und nicht „erzeugen" sage. Der Ruhm liegt in den meisten Fällen nicht im σπορητός, noch in φυταλία, sondern in der ὀπώρα.

es sei wie der fruchtbare Weinstock zum
erheitern, und von den Kindern heißt es, sie
seien wie die Ölzweige, (Psalm 128. 3) die
Ruhm bringen, aber nicht allein Ruhm, sondern
auch Frieden (denn große Familien können
nur in Friedenszeiten aufgezogen werden).
Und trotzdem sich ihre Kraft durch ihr Aus-
einandergehen und sich Ausbreiten nach verschiedenen Richtungen hin verteilt, dienen
sie doch der Heimat, sie sind gleich Pfeilen
in der Hand eines Riesen, die hierhin und
dorthin in die Ferne geschleudert werden.
Da die Arbeit also verschiedenen Ertrag aufweist, so steht das Gedeihen eines Volkes im
genauen Verhältnis zu dem Arbeitsquantum,
das es zur Erlangung und dem Verbrauch von
Lebensmitteln „verausgabt". Beachte wohl,
dass ich sage zur Erlangung und zum Verbrauch; darunter verstehe ich nicht nur kluges
Produzieren, sondern auch weise Verteilung
und weisen Verbrauch. Die Volkswirte thun

Sonderbarerweise rühmen die Menschen denjenigen
mit Begeisterung, der durch augenblickliche Anstrengung ein Leben rettet, aber wer durch jahre-
lange Bemühungen und Selbstverleugnung ein Leben
erhält, dessen Ruhm ertönt nur in zurückhaltender
Weise. Wir geben einen Orden „ob civem serva-
tum", warum nicht „ob civem natum"? Ich verstehe darunter, in vollem Sinne erzeugt, sowohl an
Körper als an Geist. England hat Eichenholz genug
für beide Ordenskästchen.

gewöhnlich so, als läge in dem Verbrauch an sich* nichts Gutes. Weit entfernt davon, dass es sich so verhält, ist vielmehr der unbedingte Verbrauch der Endzweck, die Krone und Vollendung der Produktion, und weiser Verbrauch ist eine weit schwierigere Kunst als weise Produktion! Zwanzig Leute können Geld gewinnen für einen, der es auszugeben versteht, und die Lebensfrage des Einzelnen, wie der ganzen Nation ist niemals „wieviel schafft man?" sondern „zu welchem Zweck verwendet man's?"

73. Der Leser ist vielleicht erstaunt über die Leichtfertigkeit, mit welcher ich vorhin auf das „Kapital" und seine Funktionen hingewiesen habe. Jetzt ist seine Erläuterung am Platze. Kapital bedeutet „Haupt-, Quellen-, oder Stammmaterial". — Es ist Material, aus dem anderes Gut, als es selbst ist, erzeugt wird. Nur das also ist wirkliches Kapital (caput vivum, nicht caput mortuum) was etwas von ihm selbst ganz verschiedenes erzeugt. Es ist eine Wurzel, die nicht eher in lebendige Zweckthätigkeit tritt, als bis sie etwas anderes als eine Wurzel hervorbringt: nämlich die Frucht. Diese Frucht

---

* Wenn Mill von produktivem Verbrauch spricht, so meint er damit nur Verbrauch, welcher in der Vergrößerung des Kapitals oder des materiellen Wohlstandes gipfelt.

wird dann ihrer Zeit wieder Wurzeln hervorbringen, und so läuft alles lebendige Kapital
auf die Erzeugung neuen Kapitals hinaus. Kapital aber, das nichts wie Kapital erzeugt, ist
nichts als eine Wurzel, die wieder eine Wurzel
hervorbringt; eine Zwiebel, die eine Zwiebel
bleibt, aber niemals eine Tulpe wird! Samen,
der Samen bleibt und niemals Brot wird! Die
Nationalökonomie in Europa hat sich bis jetzt
ganz der Vervielfältigung oder (weniger noch)
der Anhäufung von Zwiebeln ergeben. Sie
sah weder, noch verstand sie ein Ding wie eine
Tulpe. Ja, gekochte Zwiebeln, Glaskugeln,
Prinz Ruperts Tropfen, vielleicht in Pulverform
gegeben (gut — wenn's wenigstens kein Schieß-
pulver ist), im guten Glauben unserer Volkswirte, darin eine Erklärung des Anhäufungs-
gesetzes zu finden! Wir wollen versuchen, eine
klarere Vorstellung davon zu bekommen.

Das einfachste und beste Sinnbild des Kapitals ist ein gut konstruirter Pflug. Wenn nun
dieser Pflug nichts weiter als neue Pflüge po-
lypenartig ansetzte, wie sehr dann auch der
große polypenartige Haufen in der Sonne
funkeln würde, seiner Funktion als Kapital hätte
er nicht genügt. Zu wirklichem Kapital wird
er erst durch eine andere Art von Glanz —
wenn man ihn „splendescere sulco" (in der
Furche schimmern) sieht; also mehr durch

Verminderung seiner Substanz, die durch Reibung abgenutzt wird, als durch deren Vermehrung! Und die Frage, die sich jeder Kapitalist, jede Nation wirklich im Stillen vorlegen müßte, lautet nicht: „Wie viele Pflüge hast du?" sondern „wo sind deine Furchen?" — nicht „wie schnell wird sich dein Kapital verdoppeln?" sondern „was leistet es während seiner Verdoppelung? — „Welcher zum Leben notwendigen Substanz wird es förderlich sein? welch Leben beschirmendes Werk verrichten?" Thut es nichts davon, so ist seine Verdoppelung nutzlos oder schlimmer als das, (denn Kapital kann Leben unterdrücken so gut wie fördern) es ist dann nur ein Vorschuß von Tisiphone, ein totes Pfand und in keiner Weise Gewinn.

74. Kein Gewinn, wie die Alten richtig erkannten und an dem Beispiel des Ixion zeigten. — Kapital ist die Wurzel oder der Urquell des Reichtums — der Urquell, gleichwie die Wolken der Urquell des Regens sind. Enthalten die Wolken aber kein Wasser, und erzeugen sie nur andere Wolken, so brechen sie schließlich in Grollen aus, anstatt in Regen, und das Ende sind Blitze anstatt der Befruchtung. Wenn also von Ixion gesagt wird, er habe seine Gäste zuerst zu einem Bankett eingeladen und sie dann in eine mit Feuer gefüllte Grube fallen lassen, so ist das das Beispiel von der

Versuchung der Reichen, die in eine mit Ge-
fängnishaft zu vergleichende Qual ausläuft,
(die Qual in der Grube), worauf dann, um
die wilde Leidenschaft der Reichen zu zeigen,
deren große Vergnügungssucht schließlich in
Sucht nach Macht, aber nach Macht in falschem
Sinne übergeht, von Ixion gesagt wird, er habe
Juno begehrt und statt dessen eine Wolke
(oder ein Phantom) umfangen, und so die Cen-
tauren erzeugt. Ist doch die Macht des Reichtums allein an sich, wie die Umarmung eines
Schattens — unbehaglich (sie hat Ähnlichkeit
mit Dantes Geryon, dem Typus eines habsüchtigen Betrügers, der im Fliegen die Luft mit
eingezogenen Krallen fängt, — "l'aer a se
raccolse", — und deshalb heißt es auch in den
Sprüchen Salomonis: „Lass deine Augen nicht
fliehen dahin, das du nicht haben kannst" und
von Ephraim, „er weidet sich vom Winde und
läuft dem Ostwinde nach,* (Hosea 12. 2), aber

---

* Im Anschluss an die vorhin angeführte Vision der
Weiber, die das Epha trugen; dort heißt's: „sie hatten
Flügel, die der Wind trieb" aber „keine Storchflügel"
wie in unserer Version, sondern sie waren die
„milvi" eines Geiers aus der Vulgata, oder besser
noch vielleicht die eines „Wiedehopfes" aus der
Septuaginta, eines Vogels, der beispielsweise durch
viele Sagen mit der Macht des Reichtums sinnbild-
lich verknüpft ist, von denen die interessanteste
wohl die seiner Bitte um einen goldenen Schopf ist.
Die „Vögel" des Aristophanes, worin der Wiedehopf

von Herkunft ist er eine Mischung von Bruta-
lität und Humanität. Human ist der Scharfsinn, der beides, den Verstand und den Pfeil
nützt, aber brutal im Aufzehren und Nieder-
stampfen sind Körper und Huf. Ixion wurde
dieses Verbrechens wegen schließlich auf ein
glühendes, gezahntes Rad gebunden, das unaufhörlich in der Luft umherrollte — das Sinnbild der menschlichen Arbeit, die selbstsüchtig
und fruchtlos ist, welches sich weit bis ins
Mittelalter hinein im Glücksrade verkörpert erhalten hat. Es ist ein Rad, welches keinen
Geist und Odem in sich hat und nur durch
den Zufall herumgewirbelt wird; wogegen von
allen Wahrheiten, die Vision des Hesekiel am
wahrsten ist, dass „der Geist des lebenden
Wesens in den Rädern wohnt, und wo die

---

eine Hauptrolle spielt, sind voll von solchen An-
spielungen. Achte besonders auf die „Verschanzung
der Luft durch Backsteine gleich wie Babylon ver-
schanzt ist"; vergleiche weiter den Plutos von Dante
damit, der (um den zerstörenden Einfluss des Reichtums auf den Verstand zu zeigen) die einzige von
des Teufels Mächten, die sich nicht verständlich
äußern kann und zugleich die feigste ist. Er wird
nicht allein eingeschüchtert und zurückgehalten,
sondern bricht buchstäblich vor einem Wort zusammen. Die plötzliche Wirkung und hilflose Situa-
tion, die eine Handelscrisis hervorbringt, zeigt sich
schon in der einen kurzen Methapher „gleichwie
die vom Winde geschwellten Segel fallen, wenn der
Mast bricht".

lebendigen Winde hingehen, dahin gehen auch sie mit ihnen, und standen jene, standen sie auch."

75. Ist dies nun die wahre Natur des Kapitals, so folgt daraus, dass zwei Arten echter Produktion in einem thatkräftigen Staate nie aufhören werden: Erzeugung von Saatgut — und von Nahrungsmitteln, oder Erzeugung zu Gunsten des Ackerbodens — und des Mundes, die beide von den habsüchtigen Menschen als ausschließliche Produktion für den Kornspeicher betrachtet werden, während doch die Funktion des Speichers bloß eine vermittelnde, erhaltende ist und mit der Verteilung aufhört; wäre es anders, würde das Getreide nur in Brand übergehen — oder den Ratten und Würmern zur Nahrung dienen. Und weil produktive Arbeit am Ackerland nur in der Hoffnung auf die zukünftige Ernte von Nutzen ist, so ist alle Produktion thatsächlich für den Mund und wird schließlich in ihrem Werte vom Munde bemessen. So ist also, wie ich oben schon sagte, der Konsum die Krone der Produktion, und der Wohlstand der Nationen wird mit Recht nur nach dem, was sie konsumieren, bemessen.

Der Mangel jeglicher klaren Vorstellung von dieser Thatsache ist der Kapitalfehler, der unsern Nationalökonomen so reiche Zinsen und Einkünfte an Irrtümern einträgt! Ihr Sinn ist

beständig auf Geldvorrat und nicht auf Mund-
vorrat gerichtet. Sie fangen sich, durch den
Goldschimmer geblendet, wie Vögel durch des
Vogelstellers Spiegel, in jeder Art Netz oder
Schlinge; oder, da sie sonst nicht viel von Vö-
geln an sich haben, Kindern vergleichbar, sind
sie bemüht, über ihren eigenen Schatten zu
springen, denn der Geldgewinn ist nur der
Schatten des wahren Gewinnes, der die Menschheit und Menschlichkeit selbst ist.

76. Der Endzweck der Volkswirtschaftslehre
besteht daher darin, eine gute Verbrauchsmethode
und große Verbrauchsmengen zu entwickeln.
Mit andern Worten, alles, sei es nun Substanz
und Arbeit, oder auch zur Verbesserung der
Substanz dienende Arbeit zu verwerten und
zwar auf edle Weise. Der sonderbarste Fehler, den Mill's ganzes Werk enthält, liegt in
seinem Bemühen, direkte von indirekter Arbeit zu unterscheiden und in der daraus fol-
gernden Behauptung, eine Nachfrage nach
Waren sei keine Arbeitsnachfrage (I. V. 9 u. ff.).
Er unterscheidet zwischen den Arbeitern, die
zur Anlage von Lustgärten und denen, die zur
Sammetfabrikation verwendet werden, indem er
erklärt, dass es für die arbeitenden Klassen
einen materiellen Unterschied ausmache, auf
welchem dieser beiden Wege der Kapitalist sein
Geld los würde. Die Anstellung des Gärtners

sei eine Arbeitsfrage, der Verkauf von Sammet dagegen nicht.* Ein ebenso ungeheuerlicher, wie merkwürdiger Irrtum. Es liegt natürlich ein Unterschied für den Arbeiter darin, ob wir ihm auftragen in der Frühlingsluft Samen auszustreuen oder in verpesteter Luft am Webstuhl zu arbeiten, aber in Bezug auf seinen Geldbeutel

---

* Der Wert des Rohmaterials, der thatsächlich vom Arbeitspreis abgezogen werden muss, ist in den darauf bezüglichen Stellen nicht in Erwägung gezogen, und Mill ist einzig und allein dadurch in den Irrtum verfallen, weil er die nebensächlichen Gesichtspunkte der Lohnzahlung an die vermittelnden Personen im Auge hatte. Er sagt: „Der Konsument bezahlt den Tagelohn des Webers nicht mit seinem Gelde". Ich bitte um Entschuldigung, — der Sammetkonsument bezahlt ebenso gut den Weber, wie den Gärtner mit seinem Gelde. Höchst wahrscheinlich bezahlt er noch den vermittelnden Eigentümer des Webstuhls, den Schiffsrheder, den Sammethändler sowie den Kleinhändler und Ladeninhaber; er bezahlt Fuhrgeld, Ladenmiete, Spesen und Beschädigung, Zeit und Mühewaltungen! Alles dies kommt doch noch zu dem eigentlichen Sammetpreis hinzu (gerade wie der Lohn des Gärtners noch zu dem Graspreise hinzukommt). Der Sammet wird, obwohl erst ein halbes Jahr nach der Fabrikation, doch vom Konsumenten bezahlt, gleichwie vermittelst seines Geldes der Rasen erzeugt wird, obgleich er den Mann, der ihn am Montag gewalzt und geschnitten hat, erst am Sonnabend Nachmittag dafür bezahlt. Ich weiß nicht, ob Mill's Schlussfolgerung — „das Kapital kann nicht entbehrt werden, aber die Käufer" in der City schon in großem Maßstabe versucht wurde?

besteht kein Unterschied, ob wir ihm befehlen, grünen Sammet auf den Fluren mit Hülfe des Samens und der Sichel, oder roten Sammet mit Hülfe von Seide und Scheere zu produzieren. Solange der Verbrauch unsererseits nur selbstsüchtigen Zwecken dient, steht es auch zu ihm in gar keiner Beziehung, in welcher Weise wir den hergestellten Sammet gebrauchen, ob wir darauf treten, oder ihn tragen. Ist aber der Verbrauch ein irgendwie selbstloser, so hat der Arbeiter nicht nur Interesse daran, in welcher Art wir die verlangten Artikel verbrauchen, sondern auch welcher Art der Artikel ist, den wir, in der Aussicht auf Verbrauch, verlangen. Es kommt also, (indem wir noch einmal auf Mill's großartige Theorie über Eisenwaren zurückgreifen,* soweit man den persönlichen Gewinn des Arbeiters im Auge hat, nicht soviel wie ein Eisenfeilspänchen darauf an, ob man den Arbeiter dazu verwendet Pfirsiche zu ziehen oder eine Dynamitpatrone herzustellen. Aber viel wichtiger ist die Art, wie man diese Artikel gebrauchen will. Angenommen es geschähe in beiden Fällen auf

---

* Die, wohlverstanden, das genaue Gegenteil der in Frage stehenden ist. Die Eisenwarentheorie fordert, dass wir unsern Gärtnern kündigen und Fabrikarbeiter statt ihrer dingen. Die Sammettheorie dagegen, dass wir den Fabrikarbeitern kündigen und Gärtner statt dessen anstellen.

„selbstlose" Weise, so läge der Unterschied
für ihn am Ende darin, ob ich sein krankes
Kind in seiner Hütte aufsuche und ihm die
Pfirsiche schenke, oder ob ich die Granate in
seinen Schornstein fallen lasse und sein Dach
damit in die Luft sprenge.

Das Schlimmste für den Landmann dabei ist,
dass der Verbrauch des Pfirsichs seitens des
Kapitalisten meist nur ihn selbst angeht, der
der Granate aber „verteilend" wirkt, d. h. auch
Andere in Mitleidenschaft zieht,* aber jeden-

---

* In Europa ist eine der entsetzlichsten Wirkungen
des Reichtums, dass allein das Vermögen der Kapitalisten ungerechten Kriegen Vorschub leistet. Ein
gerechter Krieg bedarf zu seiner Unterstützung nicht
so hoher Summen, denn die meisten derer, die sich
an solch einem Kriege beteiligen, thun es umsonst;
aber bei einem ungerechten Kriege müssen nicht
nur Leib und Seele der Menschen erst gekauft,
sondern auch noch die besten Kriegswerkzeuge für
sie angeschafft werden, was natürlich solchen Krieg
bis zum Äußersten verteuert; gar nicht zu sprechen
von den Kosten, die verächtliche Furcht und gegenseitiges Misstrauen den Nationen auferlegen, die
inmitten ihres Überflusses nicht so viel Ehrlichkeit
besitzen, um sich eine Stunde wirklichen Friedens
damit erkaufen zu können, wie gegenwärtig England
und Frankreich ihrer Angst ein gegenseitiges Opfer
im Werte von jährlich zehn Millionen Pfund Sterling
bringen, eine wunderbare, leichtwiegende Ernte,
halb Dornen — halb Espenlaub — gesäet, geerntet
aufgespeichert von der „Wissenschaft" der modernen
Nationalökonomen, welche Habsucht anstatt Wahrheit
predigen! Und jeder ungerechte Krieg kann, wenn

falls ist das eine unumstößliche Thatsache, dass nach den katallaktischen Grundsätzen der Wirtschaftslehre irgend jemandes Dach pflichtschuldigst in die Luft fliegen muss, damit sich die Bestimmung der Dynamitpatrone erfüllt. Du kannst, ganz nach Belieben, deinen Nachbar mit Traubenblut oder Traubenfeuer (Kartätschenfeuer) versorgen, er wird auf katallaktische Weise ebenso mit dir verfahren; jeder wird das ernten, was er gesäet hat.

77. Die Produktion läßt sich daher nur richtig nach der Art und Weise und dem Zwecke ihres Verbrauchs beurteilen. Die Produktion besteht nicht aus Dingen, die nur mühsam entstanden sind, sondern aus solchen, die zweckmäßig verbraucht werden können; es handelt sich für die Nation nicht darum, wieviel Arbeit sie anstellt, sondern wieviel Leben sie erzeugt. Denn wie der Verbrauch der Endzweck aller Produktion ist,

---

nicht durch Ausplünderung des Feindes, nur durch Anleihen bei den Kapitalisten ausgehalten werden; und diese Anleihen werden zurückgezahlt durch spätere Besteuerung des Volkes, welches anscheinend willenlos dabei ist, denn der Wille des Kapitalisten ist die erste Wurzel des Krieges, aber die Hauptwurzel ist die Habsucht der ganzen Nation, die sie unfähig macht Treue, Freimut und Gerechtigkeit zu üben, und daher für jeden Einzelnen zu gegebener Zeit dessen besondere Strafe und eigenen Verlust mit sich bringt.

so ist Leben wiederum der Endzweck des Verbrauchs.

Diese Frage zu überdenken, habe ich dem
Leser zwei Monate Zeit gelassen, (§§ 40 u. 41),
denn mir war es lieber, dass er sie selbst be-
antworte, als dass ich sie hier in scharfer
Weise klarlegte. Aber jetzt ist der Boden genügend dafür bereitet. Die Einzelheiten freilich,
in welche die verschiedenen Fragen auslaufen,
müssen wir beiseite lassen, denn sie sind zu
verwickelt für eine Erörterung in diesen
Blättern, sodass ich sie einmal anderswo besprechen muss. Aber ich gebe mich, indem ich
damit die Reihe der einleitenden Blätter
schließe, der Hoffnung hin, dass die eine wichtige Thatsache in vollster Klarheit dasteht:
„Es giebt keinen Reichtum, der nicht
zugleich Leben ist — Leben einschließlich
der Macht der Liebe, der Freudigkeit und der
Begeisterung. Das Land ist das reichste, das
die größte Anzahl edler und glücklicher Menschen ernährt; der Mensch ist der reichste,
der, nachdem er seine eigenen Lebenspflichten
bis aufs höchste erfüllt hat, nun auch seinen
hilfreichen Einfluss auf das Leben seiner Mitmenschen, sowohl durch seine Persönlichkeit,
als durch seine Besitzmittel, in ausgedehntestem
Maße geltend macht.

Eine wunderliche Nationalökonomie, aber

trotzdem diejenige, die immer Bestand hatte und haben wird. Nationalökonomie, die sich allein auf Selbstsucht* gründet, ist nur die Erfüllung jener, die einstmals Streit zwischen den Engeln und dem Drachen entfachte und der Himmelsökonomie Verderben gebracht hat (Offenb. Joh. 12. 7).

78. „Die größte Anzahl edler und glücklicher Menschen." Ist denn Edelmut vereinbar mit der Zahl? Ja, nicht nur ist er mit ihr vereinbar, sondern er ist sogar äußerst wichtig für sie. Das höchste Leben kann nur durch die größte Tüchtigkeit erreicht werden. In dieser Hinsicht unterscheidet sich das Gesetz der menschlichen Bevölkerungsziffer vollständig von der des tierischen Lebens. Die Vermehrung der Tiere wird nur durch Futtermangel und die Feinde der Rasse eingeschränkt. Die Zahl der Mücken wird durch den Hunger der Schwalbe, und die der Schwalben wiederum durch den Mangel an Mücken bedingt. Der Mensch, als Tier betrachtet, findet seine Einschränkung natürlich in denselben Gesetzen. Hunger, Seuchen oder Kriege sind die notwendigen und einzigen Hemmnisse seiner Ausbreitung, aber dennoch recht wirkungsvolle — denn sein Hauptbestreben

* Bei allen Preisverhandlungen muss der Vorbehalt gemacht werden, „vorausgesetzt, alle Parteien tragen für ihr eigenes Interesse Sorge". Mill III. 1, 5.

war ja doch, Seinesgleichen so schnell wie möglich zu vernichten, Wohnstätten zu verheeren,
und seine höchste Kunst ist darauf gerichtet, der
Hungersnot, den Seuchen den Boden zu bereiten
und das Schwert zu schwingen. Betrachtet
man ihn aber noch als etwas anderes, denn
als Tier, so wird seine Ausbreitung durch
diese Gesetze nicht gehemmt. Sie findet ihre
Schranke nur bei den Schranken seines Mutes
und seiner Liebe! Alle beide haben ihre
Grenzen und müssen sie auch haben, auch
seine Rasse hat ihre Grenzen, aber diese sind
noch nicht erreicht und werden auch in Jahrhunderten noch nicht erreicht sein.

79. Von allen Gedanken der Menschen birgt
für mich keiner so viel Trübes, wie die Untersuchungen der Nationalökonomen über die Be-
völkerungsfrage. Man schlägt vor, die Lage
der Arbeiter durch höhere Löhne zu verbessern. „Nein", sagt der Volkswirt — „wenn
du seinen Lohn erhöhst, wird er entweder
soviel Kinder zeugen, bis er auf demselben
Punkt des Elends angekommen ist, auf dem
er vorher war, oder er wird den Lohn ver-
trinken wollen!" Gewiss, das wird und will
er, das weiß ich auch. Aber wer flößte ihm
diesen Willen ein? Nimm an, es sei dein
eigener Sohn, von dem du sprichst, wenn du
mir erklärst, dass du ihn nicht in deiner

Firma aufnehmen könnest, geschweige denn,
ihm seinen rechtmäßigen Arbeitslohn bezahlen,
weil er, wenn du es thätest, an Trunksucht
sterben und der Gemeinde ein Dutzend Kinder
aufbürden würde. „Woher hat dein Sohn
diese Anlagen?" würde ich dich fragen. Hat
er sie durch Vererbung oder Erziehung bekommen? Durch eins von beiden müssen
sie kommen, und ebenso wie bei ihm, auch
bei dem Armen. Wenn die Armen nicht
von einer von der unsrigen wesentlich verschiedenen Rasse und unverbesserlich sind,
(was ich, trotzdem man es oft im Stillen
denken mag, noch nie öffentlich habe äußern
hören) so könnten wir sie, wenn wir sie mit
derselben Fürsorge wie die Unsrigen umgäben,
auch zu derselben Enthaltsamkeit und Mäßig-
keit bringen und ebenso nüchtern und leiden-
schaftslos machen, wie wir es sind — wahre
Prachtexemplare zum Vorbilde! „Sie können
aber keine richtige Erziehung erhalten," wird
uns geantwortet. Warum denn nicht? Das
ist ja gerade der fragliche Punkt. Barmherzige
Menschen glauben, der schlimmste Fehler des
Reichen sei, dem Volke Fleischnahrung vor-
zuenthalten, und das Volk schriee nach seinem
ihm durch Hinterlist vorenthaltenem Fleische
zum Herrn der Heerscharen*.

---

* Jakob. 5, 4. In diesen Darlegungen will ich mich

Ach, nicht das Fleisch ist es, dessen Vor-
enthaltung am grausamsten und dessen An-

---

in keiner Weise dem gewöhnlichen sozialistischen
Gedanken der Eigenthumsteilung anpassen oder sie
verteidigen. Teilung des Eigentums bedeutet seine
Vernichtung, und damit zugleich die Vernichtung
aller Hoffnungen, alles Strebens und aller Gerechtigkeit; es entstände einfach ein Chaos — ein Chaos
auf das die Anhänger der modernen Volkswirtschaft
mit Riesenschritten zusteuern, und vor dem ich bemüht bin, sie zu retten. Der Reiche vorenthält
dem Armen das Fleisch nicht durch das Zurück-
halten seines Reichtums, sondern durch schädliche
Anwendung desselben. Reichtum ist eine Form der
Stärke, und ein starker Mensch verletzt seine Mitmenschen nicht, wenn er seine Stärke zurückhält,
sondern nur, wenn er sie auf schädliche Weise mißbraucht. Sieht der Sozialist, dass ein starker Mensch
einen Schwachen drückt, ruft er aus — „Bindet
dem Starken die Hände", ich aber sage „lehrt ihn,
sie besser zu gebrauchen". Kraft und Intelligenz,
durch welche man Reichtümer erwirbt, sollen nach
der Absicht des Herrn, der sie verliehen hat, nicht
dazu dienen, diese Reichtümer zu zersplittern oder
fortzuwerfen, sondern sie im Dienste der Menschheit zu verbrauchen. Mit andern Worten, man soll
damit die Irrenden und Schwachen richtig leiten, —
das heißt: zuerst kommt die Arbeit, mit der man
Geld gewinnt, dann kommt der Sabbath, an dem
man es verwertet, — der Sabbath, dessen Vorschrift
lautet, das Leben nicht zu verlieren, sondern es zu
schützen. Es ist gewöhnlich des Armen eigener
Fehler, seine Thorheit, wenn er arm ist; ebenso
wie gewöhnlich die Schuld am Kinde selbst liegt,
wenn es in den Teich fällt, oder an der Schwäche
des Krüppels, wenn er über ein Hindernis ausgleitet.

spruch am begründetsten ist. „Ist nicht das
Leben mehr, denn die Speise? (Mathäus 6, 25).
Der Reiche verwehrt dem Armen nicht nur
Nahrung, er verwehrt ihm auch Weisheit,
Tugend und Seligkeit. Ihr Schafe ohne Hir-
ten (4. Mose 27. 17), nicht die Weide bleibt
euch verschlossen, sondern der Hörsaal.
Fleisch! vielleicht ist euer Recht darauf be-
gründet, aber vorher müssen andere Rechte
geltend gemacht werden. Beansprucht die
Brosamen, die da von der Herren Tische
fallen, wenn ihr wollt, aber fordert sie als
Kinder, nicht als Hunde. (Mathäus 15. 27).
Fordere dein Recht, gespeist zu werden,
aber noch nachdrücklicher mache dein Recht
auf Heiligkeit, Vollkommenheit und Reinheit
geltend.

Sonderbar klingende Worte in Bezug auf
Arbeitervolk! „Wie? Heiligkeit? ohne Schlepp-
gewänder und Ölsalbung, für diese derben
Menschen in den derben Wämsern, zu unbe-

Trotzdem würden wohl die meisten Vorübergehen-
den das Kind aus dem Wasser ziehen oder dem
Krüppel aufhelfen. Gesetzt den schlimmsten aller
Fälle, alle Armen auf Erden wären weiter nichts
als unvorsichtige Kinder oder unachtsame Krüppel
— alle Reichen dagegen klug und stark, so würdest
du sofort erkennen, dass weder der Sozialist Recht
hat, wenn er jeden so arm, machtlos und thöricht
wie er selbst ist, machen möchte, ebenso wenig aber
der Reiche, wenn er die Kinder im Schlamme lässt.

kannten verachteten Diensten benutzt? Diese
Leute vollkommen? — Mit ihren blöden Augen,
gekrümmten Gliedern und dem langsam er-
wachenden Geiste? Die sollen rein sein? — Mit
ihren sinnlichen Begierden und niedrigen Gedanken, schmutzig und roh an Körper und
Seele?" — Es mag wohl befremdlich klingen
— aber doch sind sie, so wie sie sind, die
heiligsten, vollkommensten und reinsten Persönlichkeiten, die die Erde gegenwärtig auf-
weisen kann. Sie mögen so sein, wie ihr sie
schildert, aber wenn auch, sie sind doch
noch heiliger als wir, die wir sie so weit
haben kommen lassen.

Was kann nun aber für sie gethan werden?
Wer muss sie kleiden, wer belehren, wer ihre
Vermehrung einschränken? Werden sie schließlich nicht dazu gelangen, sich gegenseitig auf-
zuzehren?

Ich hoffe auf ein anderes Ende, freilich er-
warte ich nichts von den drei Mitteln, die gewöhnlich gegen die Uebervölkerung von den
Volkswirten angewendet werden.

80. Diese drei Mittel sind kurz gesagt — Ko-
lonisation, Urbarmachung wüster Landstrecken,
Abschreckung vor der Ehe.

Der erste und zweite dieser Auswege weichen
nur der Frage aus, oder halten sie auf. Es
wird natürlich lange dauern, ehe die ganze

Welt kolonisirt und alle Wüsten in Kulturzu-
stand umgewandelt sind. Die Lebensfrage
heißt aber gar nicht, wieviel bewohnbares
Land giebt es in der Welt, sondern wieviel
menschliche Wesen müssten auf einem bestimmten Raume bewohnbaren Landes Unterhalt finden?

Beachte bitte, dass ich sage „müssten",
und nicht, wieviele könnten? Ricardo erklärt
mit der ihm eigenen Ungenauigkeit des Aus-
drucks „der natürliche Lohnsatz", wie er
es nennt, sei „das, was dem Arbeiter Unterhalt
gewährt."

Ihm Unterhalt gewährt! „Ja, aber wie?"
Eben diese Frage wurde von einer Arbeiterin,
als ich ihr diese Stelle vorlas, sofort an mich
gerichtet. In ihrem Namen will ich die Frage
noch erweitern. „Ihm Unterhalt gewähren,
aber wie?" Erstens, für welche Lebensdauer?
Wie viele von einer bestimmten Anzahl
von Lohnarbeitern können alt werden — wie
viele müssen jung sterben? Es fragt sich,
ob du ihren Lebensunterhalt so einrichten
willst, dass du sie früh, — sagen wir mit
dreißig bis fünfunddreißig Jahren durchschnittlich, (einschließlich des Todes schwächlicher,
mangelhaft ernährter Kinder) umbringst? Oder
ob du sie in den Stand setzen willst, dass
sie ihr Leben auf natürliche Weise ausleben

können. Im ersten Fall* wirst du mehr
Menschen ernähren, in Folge der Schnelligkeit
des Nachschubs; im zweiten Falle aber er-
nährst du wahrscheinlich glücklichere. Was
hält nun Ricardo für den natürlichen Zustand, und welchem Zustande würde der
„natürliche" Lohnsatz entsprechen?

Ferner, ein Stück Land, das nur zehn träge,
unwissende und unachtsame Personen versorgt, wird dreißig oder vierzig intelligente
und gewerbfleißige versorgen. Welcher von
beiden ist nun der natürliche Zustand, und
welchem entspricht der natürliche Lohnsatz?

Weiter! Versorgt ein Stück Land vierzig
Personen in emsiger Unwissenheit, und lassen
diese, ihrer Unwissenheit müde, zehn aus
ihren Reihen Geometrie und Astronomie
studieren, so muß die Arbeit dieser zehn,
die dem Boden entzogen wird, entweder in
irgend anderer Weise auf die Vermehrung der
Lebensbedürfnisse gerichtet sein, oder die
Personen, die an das Studium der Stern- und
Erdkunde gegangen sind, müssen Hungers
sterben, oder auch andere an ihrer Stelle.
Was ist daher der natürliche Lohnsatz der
wissenschaftlich Gebildeten, und wie verhält
sich diese Lohnrate zu ihrer auf die Produktion

---

* Die Lebensmenge ist in beiden Fällen dieselbe,
aber sie wird verschieden ausgelost.

zurückwirkenden oder sie vermittelnden Thätig-
keit; und in welcher Weise wird diese berechnet?

Weiter, der Grund und Boden gewährt
anfänglich vierzig friedliebenden und gottes-
fürchtigen Arbeiten Unterhalt; in einigen
Jahren aber werden diese so streitsüchtig und
gottlos, dass sie fünf herausgreifen müssen,
die ihre Streitigkeiten untersuchen und entscheiden sollen. — Zehn müssen mit teuren
Werkzeugen bis an die Zähne bewaffnet
werden, um die Entscheidungen durchzusetzen,
und fünf müssen in beredter Weise Allen
das Gottesbewusstsein zurückrufen. Was wird
die Wirkung in Bezug auf die allgemeine
Produktionskraft sein, und was ist „der natürliche Lohnsatz" der gelehrten (vermittelnden),
der soldatischen und der redegewandten Arbeiter?

81. Indem ich es den Anhängern Ricardo's
überlasse, ob sie diese Fragen weiter verfolgen oder fallen lassen wollen, fahre ich
fort, die Hauptsachen, die sich auf die voraussichtliche Zukunft der arbeitenden Klassen
beziehen, wie sie von Mill in einseitiger
Weise beleuchtet sind, klarzulegen, Dieses
Kapitel, sowie das vorhergehende unterscheiden sich von der allgemeinen Schreib-
weise der Nationalökonomie dadurch, dass in

ihnen anerkannt wird, dass ein gewisser Wert
in dem Anblick der Natur liegt, und dass über
die voraussichtliche Zerstörung des Land-
schaftsbildes ein Bedauern ausgedrückt wird.
Wir brauchen indessen in diesem Punkt nicht
allzu ängstlich sein. Menschen können niemals
Dampf trinken und ebensowenig Steine essen.
Das Maximum der Bevölkerung auf einer bestimmten Strecke Landes bedingt zugleich ein
gewisses Maß essbaren Pflanzenwuchses, gleichviel ob für Mensch oder Vieh, und schließt damit
ein hohes Maß reiner Luft und reinen Wassers
ein. Desgleichen ein Maximum von Wald zur
Luftverbesserung, und von hügeligem Boden, der
durch Pflanzenwuchs vor der stärksten Sonnen-
glut geschützt ist und die Flüsse speist. Ganz
England könnte, wenn es nur wollte, eine Fabrik-
stadt sein, und die Engländer, indem sie sich für
das gesamte Wohl der Menscheit aufopferten,
könnten inmitten von Lärm, Dunkelheit und un-
gesunder Ausdünstung selbst ein geschwächtes
Dasein führen. Doch die ganze Welt kann
keine Faktorei, kein Bergwerk werden. Selbst
der größte Aufwand von Scharfsinn kann niemals Eisen für die Millionen verdaulich machen,
noch Wasserstoff an die Stelle von Wein setzen.
Weder von ihrer Habsucht noch von ihrer
Leidenschaftlichkeit werden die Menschen jemals satt werden, und obwohl der „Sodom-

apfel" und die „Gomorrahtraube" ihren Tisch
eine Zeit lang mit Aschenleckerbissen und
Schwefelnektar überschütten werden, müssen
doch, so lange die Menschen von Brot leben,
die vor den Thoren liegenden Thäler lachen,
geschmückt mit göttlichem Golde, und der
Jubel Seines fröhlichen Volkes wird um die
Wasserbrunnen und in den Weinbergen und
Keltereien erschallen.

82. Unsere gefühlvolleren Volkswirte brauchen
auch nicht die zu starke Ausbreitung der
Langenweile eines mechanischen Ackerbaues
zu fürchten. Aus dem Dasein einer verständigen
Bevölkerung folgt schon außer dem Suchen
nach Nahrung auch das Suchen nach Wohlbe-
hagen; auch kann keine Bevölkerung, welcher
Art sie auch sei, ihren Höhepunkt anders als
durch jene Weisheit, die ihre „Lust bei den
Msnschenkindern hat" (Sprüche Salom. 8. 31)
erreichen. Die Wüste hat ihren bestimmten
Platz, ihren bestimmten Zweck; die ewige
Maschine, deren Halt die Erdachse ist, deren
Runde das Jahr bedeutet und deren Atem der
Ocean ist, wird ihre Hitze- und Kältemacht in
gebieterischer Weise über die wüsten Reiche,
die von undurchfurchbarem Felsgestein be-
grenzt sind und unaufhörlich von Sand ver-
weht werden, verteilen, aber die dazwischen
liegenden bewohnbaren Zonen und Länder

werden die lieblichsten Wohnstätten sein. Das
Verlangen des Herzens ist zugleich die Wonne
des Auges. An keiner Landschaft erfreut
man sich so unermüdlich immer wieder, wie
an einem durch freudige Arbeit der Menschen
bereicherten, von gleichmäßigen Feldern, hüb-
schen Anlagen, üppig prangenden Obstgärten
umgebenen, schmucken, bewohnten Heim, das
von Stimmen lebender Wesen widerhallt. Ist
alles schweigsam in der Luft, so ist sie nicht
süß, nur wenn sie von dem leisen Geräusch
zarter Töne erfüllt ist, — dem Zwitschern der
Vögel, dem Gesumm und Gezirp der Insekten,
den wohlklingenden Stimmen der Männer und
dem hellen, übermütigen Jauchzen der Kinder,
— nur dann ist sie lieblich. Hat man die
Lebenskunst erlernt, so wird man endlich erkannt haben, dass auch die lieblichen Dinge
notwendig sind. — Die wilde Blume am Weg-
rain sowohl wie das gebaute Korn, und die
wilden Vögel, die Tiere des Waldes sowohl
wie die gepflegten Haustiere, denn „der Mensch
lebt nicht vom Brot allein, sondern von einem
jeglichen Wort, das durch den Mund Gottes
geht", (Math. 4. 4), den wunderbaren und un-
fasslichen Werken Gottes. Glücklich, dass er
sie nicht fassen kann, und auch seine Väter
sie nicht fassen konnten, und dass doch das
Staunen über sein Dasein alles um ihn

herum bis in die Unendlichkeit hinein erfüllt!

83. Merke schließlich, dass jeder bedeutsame
Fortschritt zu wahrer Glückseligkeit des Menschengeschlechtes durch persönliche, und nicht
durch öffentliche Anstrengung erreicht wird. Gewisse allgemeine Maßnahmen mögen zu solchem
Fortschritt verhelfen, gewisse erprobte Gesetze
dazu führen, aber Maß und Ordnung dessen,
was den Grund dazu bildet, liegt in eines Jeden
eigenem Heim. Für gewöhnlich hört man, wie
geistreiche Leute ihren sich beklagenden Mitmenschen (die gewöhnlich weniger gut als sie
gestellt sind) empfehlen, sie sollten „zufrieden
mit dem Platze sein, den ihnen die Vorsehung
angewiesen hätte". Vielleicht giebt es Lebens-
verhältnisse, bei denen es gar nicht in der Absicht der Vorsehung liegt, dass die Leute damit zufrieden sein sollen. Nichtsdestoweniger
ist der Grundsatz im ganzen ein guter, leider
aber unanwendbar für den eigenen Hausge-
brauch. Ob dein Mitmensch mit seiner Lage
zufrieden oder unzufrieden sein muss, ist
nicht deine Sache, aber mit deiner eigenen zufrieden zu sein, das ist freilich deine Sache!

In England thut es heutzutage am meisten Not,
zu zeigen, welches Maß von Wohlbefinden durch
ein festes und gut verwaltetes, wenn auch be-
scheidenes und mühsam erworbenes Einkommen

erreicht werden kann. Wir brauchen Beispiele von Menschen, die dem Himmel die
Entscheidung überlassen, ob sie es in der Welt
zu etwas bringen oder nicht, die aber selbst
die Entscheidung treffen, dass sie glücklich in
ihr sein wollen, und die entschlossen sind —
nicht größeren Reichtum, sondern einfachere
Genüsse zu suchen, nicht äußeres Glück, sondern tieferes Glücksgefühl, die als höchstes
Besitztum sich selbst zu besitzen trachten,
und die durch diesen harmlosen Stolz sowie
durch das stille Streben nach Frieden sich
selber ehren.

Und von diesem stillen Frieden heißt es,
dass „Gerechtigkeit und Friede sich geküsst
haben" (Jakob. 3, 18), und dass „die Frucht
aber der Gerechtigkeit in Frieden gesäet wird
von denen, die den Frieden halten." Es sind
keine „Friedfertigen" (Mathäus 5, 9) im gewöhnlichen Sinne des Wortes — keine Streit-
schlichter (obgleich dieses Amt aus dem größeren heraus folgt) sondern Friedensfürsten,
Ruhespender. — Ruhe aber kannst du nicht
spenden, wenn du sie nicht vorerst selbst ge-
winnst. Sie ist auch kein Gewinn, der im Ver-
laufe jeden sogenannten Geschäftes mit Be-
stimmtheit eintreten muss. Keine Gewinnform
ist sogar weniger wahrscheinlich als diese, da
das Geschäft (wie aus den Sprachen verschie-

dener Nationen nachgewiesen werden kann,
πωλεῖν, von πέλω, πρᾶσις, von περάω, vemire,
vendre, und venal von venio u. s. w.) ein ruhe-
loses Wesen hat und anscheinend streitsüchtig
ist. Es ist den Raben vergleichbar, die da hin
und her fliegen und sich von Aas nähren, wogegen die Vögel, die sich vom Ölbaum nähren,
sich nach einem Platz umsehen, da ihr Fuß
ruhen kann (1. Buch Mose 8—9). So heißt
es von der Weisheit, „dass sie ihr Haus
bauete und sieben Säulen aufrichtete" (Sprüche
Salom. 9, 1). Selbst wenn sie ihr Haus verlassen und weiter gehen muss, obgleich sie
bereit ist, lange an der Thürschwelle zu warten,
„so sind alle ihre Steige noch Frieden" (Spr.
Salom. 3, 17).

84. Bei uns muss ihre Arbeit auf alle Fälle beim
Eintritt ins Haus beginnen: Alle wahre Ökonomie ist „Hausgesetz". Strebe danach, dass
das Gesetz streng, einfach und groß sei. Ver-
schwende nichts und sei nicht neidisch. Bemühe dich in keiner Weise, viel Geld zu
machen, aber bemühe dich, viel daraus zu
machen. Denke immer an die große, greifbare
und unumstößliche Thatsache, — die Wahrheit
und Wurzel aller Ökonomie, — dass was der
Eine hat, kein Andrer haben kann, und dass
jedes Atom irgend welcher Art, das benutzt
oder verbraucht ist, in vollem Umfange für

menschliches Leben verbraucht ist; hat es dazu
gedient, bestehendes Leben zu erhalten oder
mehr Leben zu schaffen, so ist es gut angewendet. Thut es das nicht, dann ist ebenso
viel Leben gehemmt oder vernichtet worden.

Bei jedem Einkauf bedenke erstlich, in welche
Lebenslage du die Erzeuger der Waren, die
du kaufst, dadurch bringst; zweitens, ob die
Summe, die du bezahlst, dem Produzenten gerecht wird und in angemessener Höhe auch in
seine Hände gelangt;* drittens, wie groß der
offenbare Vorteil von dem gekauften Gegenstande sein könne, möge er nun der Ernährung,
der Erkenntnis oder der Freude dienen; und
viertens, für wen und auf welche Weise er
am zweckentsprechendsten und schnellsten verwandt werden könne. Bei jedem Handel, worin

---

* Das, was den Mittelspersonen zukommt, nämlich
den Aufsehern (oder Werkführern), den Vermittlern
(Kaufleuten, Seeleuten, Krämern u. s. w.) und den
„Beauftragten" (Personen die zur Entgegennahme
der Wünsche des Konsumenten angestellt sind) muss
natürlich erst festgestellt werden, ehe der Frage der
gerechten Bezahlung des wirklichen Produzenten
näher getreten werden kann. In diesen einleitenden
Blättern habe ich nicht davon gesprochen, weil die
mit dem Mißbrauch solcher vermittelnden Thätig-
keit zusammenhängenden Übelstände nicht die Folge
irgend welcher besprochenen Grundsätze der modernen Nationalökonomie sind, sondern nur aus indivi-
dueller Nachlässigkeit und Ungerechtigkeit entspringen.

er auch immer bestehe, beharre bei völliger
Offenheit und strengem Rechtlichkeitsgefühl,
und bei allem, was du schaffst, sieh auf Vollkommenheit und Lieblichkeit der Ausführung,
besonders aber auf Güte und Reinheit aller
Handelsartikel; habe auch zu gleicher Zeit jedes
Mittel im Auge, wodurch du dich selbst oder
Andere über die Macht, schlichte Freuden zu
gewinnen, belehren kannst und zeige ὅσον ἕν
ἀσφοδέλῳ γέγ᾽ ὄνειδρ — dass die Grösse des Genusses nicht von der Menge des Gekosteten abhängt, sondern von der Lebhaftigkeit und dauernden Frische des Geschmackes.

85. Und scheint es dir bei ernstem und redlichem
Nachdenken über diese Dinge, als könne das Dasein
des Menschen, zu dem ihn Mitleid und Rechtsgefühl
führen, vorläufig wenigstens kein üppiges sein,
— dann bedenke, ob wohl irgend einer unter
uns noch nach Überfluß selbst der harmlose-
sten Art ein Verlangen tragen würde, wenn
wir daneben das Elend, das sein Begleiter auf
Erden ist, deutlich sähen? Luxus ist unzweifelhaft in Zukunft möglich, und zwar ein un-
schuldiger und unvergleichlicher Luxus für Alle
und mit Hülfe Aller. — Zur Zeit aber kann
Luxus nur von den Unwissenden mit Genuss
getrieben werden. Selbst der grausamste
Mensch könnte nicht ruhig an seiner Festtafel
sitzen, säße er dort nicht mit verbundenen

Augen. Reiße mutig den Schleier von den
Augen, blicke in das Licht; und wenn alsdann
das Licht der Augen nur durch Thränen
bricht, und dein Antlitz sich verhüllt, dann
gehe weinend fort und hebe kostbaren Samen
auf, bis die Zeit und das Reich kommen wird,
wo Christi Brotspende und sein Friedensver-
mächtnis heißen werden: „Diesem Letzten,
gleich wie dir," und wo es für die auf Erden
noch getrennten Massen der Bösen und der
Mühseligen eine heiligere Versöhnung giebt,
als die im engen Heim und in der stillen Häus-
lichkeit; wo die Gottlosen aufhören werden —
wenn auch nicht mit ihrer Qual, so doch mit
Toben — und ruhen werden, die viel Mühe
gehabt haben (Hiob 3, 17.).

REGISTER

196

www.ingramcontent.com/pod-product-compliance
Lightning Source LLC
Chambersburg PA
CBHW021710210326
41599CB00013B/1604